U0460919

>>>>>环境保护监管法律法规学习读本<<<<<

污染防治监管法律法规

加大全民普法力度，建设社会主义法治文化，树立宪法法律
至上、法律面前人人平等的法治理念。

—— 中国共产党第十九次全国代表大会《决胜全面建
成小康社会 夺取新时代中国特色社会主义伟大胜利》

王金锋　主编

汕头大学出版社

图书在版编目（CIP）数据

污染防治监管法律法规／王金锋主编. -- 汕头：
汕头大学出版社，2023.4（重印）
（环境保护监管法律法规学习读本）
ISBN 978-7-5658-2960-4

Ⅰ.①污… Ⅱ.①王… Ⅲ.①污染防治-环境保护法
-中国-学习参考资料 Ⅳ.①D922.683.4

中国版本图书馆 CIP 数据核字（2018）第 034929 号

污染防治监管法律法规　　WURAN FANGZHI JIANGUAN FALÜ FAGUI

主　　编：王金锋
责任编辑：邹　峰
责任技编：黄东生
封面设计：大华文苑
出版发行：汕头大学出版社
　　　　　广东省汕头市大学路 243 号汕头大学校园内　邮政编码：515063
电　　话：0754-82904613
印　　刷：三河市元兴印务有限公司
开　　本：690mm×960mm 1/16
印　　张：18
字　　数：226 千字
版　　次：2018 年 5 月第 1 版
印　　次：2023 年 4 月第 2 次印刷
定　　价：59.60 元（全 2 册）
ISBN 978-7-5658-2960-4

前　言

习近平总书记指出："推进全民守法，必须着力增强全民法治观念。要坚持把全民普法和守法作为依法治国的长期基础性工作，采取有力措施加强法制宣传教育。要坚持法治教育从娃娃抓起，把法治教育纳入国民教育体系和精神文明创建内容，由易到难、循序渐进不断增强青少年的规则意识。要健全公民和组织守法信用记录，完善守法诚信褒奖机制和违法失信行为惩戒机制，形成守法光荣、违法可耻的社会氛围，使遵法守法成为全体人民共同追求和自觉行动。"

中共中央、国务院曾经转发了中央宣传部、司法部关于在公民中开展法治宣传教育的规划，并发出通知，要求各地区各部门结合实际认真贯彻执行。通知指出，全民普法和守法是依法治国的长期基础性工作。深入开展法治宣传教育，是全面建成小康社会和新农村的重要保障。

普法规划指出：各地区各部门要根据实际需要，从不同群体的特点出发，因地制宜开展有特色的法治宣传教育坚持集中法治宣传教育与经常性法治宣传教育相结合，深化法律进机关、进乡村、进社区、进学校、进企业、进单位的"法律六进"主题活动，完善工作标准，建立长效机制。

特别是农业、农村和农民问题，始终是关系党和人民事业发展的全局性和根本性问题。党中央、国务院发布的《关于推进社会主义新农村建设的若干意见》中明确提出要"加强农村法制建设，深入开展农村普法教育，增强农民的法制观念，提高农民依法行使权利和履行义务的自觉性。"多年普法实践证明，普及法律知识，提高法制观念，增强全社会依法办事意识具有重要作用。特别是在广大农村进行普法教育，是提高全民法律素质的需要。

多年来，我国在农村实行的改革开放取得了极大成功，农村发生了翻天覆地的变化，广大农民生活水平大大得到了提高。但是，由于历史和社会等原因，现阶段我国一些地区农民文化素质还不高，不学法、不懂法、不守法现象虽然较原来有所改变，但仍有相当一部分群众的法制观念仍很淡化，不懂、不愿借助法律来保护自身权益，这就极易受到不法的侵害，或极易进行违法犯罪活动，严重阻碍了全面建成小康社会和新农村步伐。

为此，根据党和政府的指示精神以及普法规划，特别是根据广大农村农民的现状，在有关部门和专家的指导下，特别编辑了这套《全国普法学习读本》。主要包括了广大人民群众应知应懂、实际实用的法律法规。为了辅导学习，附录还收入了相应法律法规的条例准则、实施细则、解读解答、案例分析等；同时为了突出法律法规的实际实用特点，兼顾地方性和特殊性，附录还收入了部分某些地方性法律法规以及非法律法规的政策文件、管理制度、应用表格等内容，拓展了本书的知识范围，使法律法规更"接地气"，便于读者学习掌握和实际应用。

在众多法律法规中，我们通过甄别，淘汰了废止的，精选了最新的、权威的和全面的。但有部分法律法规有些条款不适应当下情况了，却没有颁布新的，我们又不能擅自改动，只得保留原有条款，但附录却有相应的补充修改意见或通知等。众多法律法规根据不同内容和受众特点，经过归类组合，优化配套。整套普法读本非常全面系统，具有很强的学习性、实用性和指导性，非常适合用于广大农村和城乡普法学习教育与实践指导。总之，是全国全民普法的良好读本。

目　录

中华人民共和国环境噪声污染防治法

中华人民共和国固体废物污染环境防治法

中华人民共和国放射性污染防治法

污染地块土壤环境管理办法（试行）

国家生态建设示范区管理规程

电磁辐射环境保护管理办法

化学工业环境保护管理规定

医药工业环境保护管理办法

中华人民共和国环境噪声污染防治法

中华人民共和国主席令

第 77 号

《中华人民共和国环境噪声污染防治法》已由中华人民共和国第八届全国人民代表大会常务委员会第二十次会议于 1996 年 10 月 29 日通过，现予公布，自1997 年 3 月 1 日起施行。

中华人民共和国主席　江泽民

1996 年 10 月 29 日

第一章　总　　则

第一条　为防治环境噪声污染，保护和改善生活环境，保障人体健康，促进经济和社会发展，制定本法。

第二条 本法所称环境噪声，是指在工业生产、建筑施工、交通运输和社会生活中所产生的干扰周围生活环境的声音。

本法所称环境噪声污染，是指所产生的环境噪声超过国家规定的环境噪声排放标准，并干扰他人正常生活、工作和学习的现象。

第三条 本法适用于中华人民共和国领域内环境噪声污染的防治。

因从事本职生产、经营工作受到噪声危害的防治，不适用本法。

第四条 国务院和地方各级人民政府应当将环境噪声污染防治工作纳入环境保护规划，并采取有利于声环境保护的经济、技术政策和措施。

第五条 地方各级人民政府在制定城乡建设规划时，应当充分考虑建设项目和区域开发、改造所产生的噪声对周围生活环境的影响，统筹规划，合理安排功能区和建设布局，防止或者减轻环境噪声污染。

第六条 国务院环境保护行政主管部门对全国环境噪声污染防治实施统一监督管理。

县级以上地方人民政府环境保护行政主管部门对本行政区域内的环境噪声污染防治实施统一监督管理。

各级公安、交通、铁路、民航等主管部门和港务监督机构，根据各自的职责，对交通运输和社会生活噪声污染防治实施监督管理。

第七条 任何单位和个人都有保护声环境的义务，并有权对造成环境噪声污染的单位和个人进行检举和控告。

第八条　国家鼓励、支持环境噪声污染防治的科学研究、技术开发，推广先进的防治技术和普及防治环境噪声污染的科学知识。

第九条　对在环境噪声污染防治方面成绩显著的单位和个人，由人民政府给予奖励。

第二章　环境噪声污染防治的监督管理

第十条　国务院环境保护行政主管部门分别不同的功能区制定国家声环境质量标准。

县级以上地方人民政府根据国家声环境质量标准，划定本行政区域内各类声环境质量标准的适用区域，并进行管理。

第十一条　国务院环境保护行政主管部门根据国家声环境质量标准和国家经济、技术条件，制定国家环境噪声排放标准。

第十二条　城市规划部门在确定建设布局时，应当依据国家声环境质量标准和民用建筑隔声设计规范，合理划定建筑物与交通干线的防噪声距离，并提出相应的规划设计要求。

第十三条　新建、改建、扩建的建设项目，必须遵守国家有关建设项目环境保护管理的规定。

建设项目可能产生环境噪声污染的，建设单位必须提出环境影响报告书，规定环境噪声污染的防治措施，并按照国家规定的程序报环境保护行政主管部门批准。

环境影响报告书中，应当有该建设项目所在地单位和居民的意见。

第十四条 建设项目的环境噪声污染防治设施必须与主体工程同时设计、同时施工、同时投产使用。

建设项目在投入生产或者使用之前，其环境噪声污染防治设施必须经原审批环境影响报告书的环境保护行政主管部门验收；达不到国家规定要求的，该建设项目不得投入生产或者使用。

第十五条 产生环境噪声污染的企业事业单位，必须保持防治环境噪声污染的设施的正常使用；拆除或者闲置环境噪声污染防治设施的，必须事先报经所在地的县级以上地方人民政府环境保护行政主管部门批准。

第十六条 产生环境噪声污染的单位，应当采取措施进行治理，并按照国家规定缴纳超标准排污费。

征收的超标准排污费必须用于污染的防治，不得挪作他用。

第十七条 对于在噪声敏感建筑物集中区域内造成严重环境噪声污染的企业事业单位，限期治理。

被限期治理的单位必须按期完成治理任务。限期治理由县级以上人民政府按照国务院规定的权限决定。

对小型企业事业单位的限期治理，可以由县级以上人民政府在国务院规定的权限内授权其环境保护行政主管部门决定。

第十八条 国家对环境噪声污染严重的落后设备实行淘汰制度。

国务院经济综合主管部门应当会同国务院有关部门公布限

期禁止生产、禁止销售、禁止进口的环境噪声污染严重的设备名录。

生产者、销售者或者进口者必须在国务院经济综合主管部门会同国务院有关部门规定的期限内分别停止生产、销售或者进口列入前款规定的名录中的设备。

第十九条　在城市范围内从事生产活动确需排放偶发性强烈噪声的，必须事先向当地公安机关提出申请，经批准后方可进行。当地公安机关应当向社会公告。

第二十条　国务院环境保护行政主管部门应当建立环境噪声监测制度，制定监测规范，并会同有关部门组织监测网络。

环境噪声监测机构应当按照国务院环境保护行政主管部门的规定报送环境噪声监测结果。

第二十一条　县级以上人民政府环境保护行政主管部门和其他环境噪声污染防治工作的监督管理部门、机构，有权依据各自的职责对管辖范围内排放环境噪声的单位进行现场检查。被检查的单位必须如实反映情况，并提供必要的资料。检查部门、机构应当为被检查的单位保守技术秘密和业务秘密。

检查人员进行现场检查，应当出示证件。

第三章　工业噪声污染防治

第二十二条　本法所称工业噪声，是指在工业生产活动中使用固定的设备时产生的干扰周围生活环境的声音。

第二十三条　在城市范围内向周围生活环境排放工业噪声

的，应当符合国家规定的工业企业厂界环境噪声排放标准。

第二十四条 在工业生产中因使用固定的设备造成环境噪声污染的工业企业，必须按照国务院环境保护行政主管部门的规定，向所在地的县级以上地方人民政府环境保护行政主管部门申报拥有的造成环境噪声污染的设备的种类、数量以及在正常作业条件下所发出的噪声值和防治环境噪声污染的设施情况，并提供防治噪声污染的技术资料。

造成环境噪声污染的设备的种类、数量、噪声值和防治设施有重大改变的，必须及时申报，并采取应有的防治措施。

第二十五条 产生环境噪声污染的工业企业，应当采取有效措施，减轻噪声对周围生活环境的影响。

第二十六条 国务院有关主管部门对可能产生环境噪声污染的工业设备，应当根据声环境保护的要求和国家的经济、技术条件，逐步在依法制定的产品的国家标准、行业标准中规定噪声限值。

前款规定的工业设备运行时发出的噪声值，应当在有关技术文件中予以注明。

第四章　建筑施工噪声污染防治

第二十七条 本法所称建筑施工噪声，是指在建筑施工过程中产生的干扰周围生活环境的声音。

第二十八条 在城市市区范围内向周围生活环境排放建筑施工噪声的，应当符合国家规定的建筑施工场界环境噪声排放标准。

第二十九条 在城市市区范围内，建筑施工过程中使用机械设备，可能产生环境噪声污染的，施工单位必须在工程开工十五日以前向工程所在地县级以上地方人民政府环境保护行政主管部门申报该工程的项目名称、施工场所和期限、可能产生的环境噪声值以及所采取的环境噪声污染防治措施的情况。

第三十条 在城市市区噪声敏感建筑物集中区域内，禁止夜间进行产生环境噪声污染的建筑施工作业，但抢修、抢险作业和因生产工艺上要求或者特殊需要必须连续作业的除外。

因特殊需要必须连续作业的，必须有县级以上人民政府或者其有关主管部门的证明。

前款规定的夜间作业，必须公告附近居民。

第五章 交通运输噪声污染防治

第三十一条 本法所称交通运输噪声，是指机动车辆、铁路机车、机动船舶、航空器等交通运输工具在运行时所产生的干扰周围生活环境的声音。

第三十二条 禁止制造、销售或者进口超过规定的噪声限值的汽车。

第三十三条 在城市市区范围内行使的机动车辆的消声器和喇叭必须符合国家规定的要求。机动车辆必须加强维修和保养，保持技术性能良好，防治环境噪声污染。

第三十四条 机动车辆在城市市区范围内行驶，机动船舶在城市市区的内河航道航行，铁路机车驶经或者进入城市市区、疗养区时，必须按照规定使用声响装置。

警车、消防车、工程抢险车、救护车等机动车辆安装、使用警报器，必须符合国务院公安部门的规定；在执行非紧急任务时，禁止使用警报器。

第三十五条　城市人民政府公安机关可以根据本地城市市区区域声环境保护的需要，划定禁止机动车辆行驶和禁止其使用声响装置的路段和时间，并向社会公告。

第三十六条　建设经过已有的噪声敏感建筑物集中区域的高速公路和城市高架、轻轨道路，有可能造成环境噪声污染的，应当设置声屏障或者采取其他有效的控制环境噪声污染的措施。

第三十七条　在已有的城市交通干线的两侧建设噪声敏感建筑物的，建设单位应当按照国家规定间隔一定距离，并采取减轻、避免交通噪声影响的措施。

第三十八条　在车站、铁路编组站、港口、码头、航空港等地指挥作业时使用广播喇叭的，应当控制音量，减轻噪声对周围生活环境的影响。

第三十九条　穿越城市居民区、文教区的铁路，因铁路机车运行造成环境噪声污染的，当地城市人民政府应当组织铁路部门和其他有关部门，制定减轻环境噪声污染的规划。铁路部门和其他有关部门应当按照规划的要求，采取有效措施，减轻环境噪声污染。

第四十条　除起飞、降落或者依法规定的情形以外，民用航空器不得飞越城市市区上空。城市人民政府应当在航空器起飞、降落的净空周围划定限制建设噪声敏感建筑物的区域；在该区域内建设噪声敏感建筑物的，建设单位应当采取减轻、避免航空器运行时产生的噪声影响的措施。民航部门应当采取有效措施，减轻环境噪声污染。

第六章　社会生活噪声污染防治

第四十一条　本法所称社会生活噪声，是指人为活动所产生的除工业噪声、建筑施工噪声和交通运输噪声之外的干扰周围生活环境的声音。

第四十二条　在城市市区噪声敏感建筑物集中区域内，因商业经营活动中使用固定设备造成环境噪声污染的商业企业，必须按照国务院环境保护行政主管部门的规定，向所在地的县级以上地方人民政府环境保护行政主管部门申报拥有的造成环境噪声污染的设备的状况和防治环境噪声污染的设施的情况。

第四十三条　新建营业性文化娱乐场所的边界噪声必须符合国家规定的环境噪声排放标准；不符合国家规定的环境噪声排放标准的，文化行政主管部门不得核发文化经营许可证，工商行政管理部门不得核发营业执照。

经营中的文化娱乐场所，其经营管理者必须采取有效措施，使其边界噪声不超过国家规定的环境噪声排放标准。

第四十四条　禁止在商业经营活动中使用高音广播喇叭或者采用其他发出高噪声的方法招揽顾客。

在商业经营活动中使用空调器、冷却塔等可能产生环境噪声污染的设备、设施的，其经营管理者应当采取措施，使其边界噪声不超过国家规定的环境噪声排放标准。

第四十五条 禁止任何单位、个人在城市市区噪声敏感建设物集中区域内使用高音广播喇叭。

在城市市区街道、广场、公园等公共场所组织娱乐、集会等活动，使用音响器材可能产生干扰周围生活环境的过大音量的，必须遵守当地公安机关的规定。

第四十六条 使用家用电器、乐器或者进行其他家庭室内娱乐活动时，应当控制音量或者采取其他有效措施，避免对周围居民造成环境噪声污染。

第四十七条 在已竣工交付使用的住宅楼进行室内装修活动，应当限制作业时间，并采取其他有效措施，以减轻、避免对周围居民造成环境噪声污染。

第七章 法律责任

第四十八条 违反本法第十四条的规定，建设项目中需要配套建设的环境噪声污染防治设施没有建成或者没有达到国家规定的要求，擅自投入生产或者使用的，由批准该建设项目的环境影响报告书的环境保护行政主管部门责令停止生产或者使用，可以并处罚款。

第四十九条 违反本法规定，拒报或者谎报规定的环境噪声排放申报事项的，县级以上地方人民政府环境保护行政主管部门可以根据不同情节，给予警告或者处以罚款。

第五十条 违反本法第十五条的规定，未经环境保护行政主管部门批准,擅自拆除或者闲置环境噪声污染防治设施,致使环境噪声排放超过规定标准的,由县级以上地方人民政府环境保护行政主管部门责令改正,并处罚款。

第五十一条 违反本法第十六条的规定,不按照国家规定缴纳超标准排污费的,县级以上地方人民政府环境保护行政主管部门可以根据不同情节,给予警告或者处以罚款。

第五十二条 违反本法第十七条的规定,对经限期治理逾期未完成治理任务的企业事业单位,除依照国家规定加收超标准排污费外,可以根据所造成的危害后果处以罚款,或者责令停业、搬迁、关闭。

前款规定的罚款由环境保护行政主管部门决定。责令停业、搬迁、关闭由县级以上人民政府按照国务院规定的权限决定。

第五十三条 违反本法第十八条的规定,生产、销售、进口禁止生产、销售、进口的设备的,由县级以上人民政府经济综合主管部门责令改正;情节严重的,由县级以上人民政府经济综合主管部门提出意见,报请同级人民政府按照国务院规定的权限责令停业、关闭。

第五十四条 违反本法第十九条的规定,未经当地公安机关批准,进行产生偶发性强烈噪声活动的,由公安机关根据不同情节给予警告或者处以罚款。

第五十五条 排放环境噪声的单位违反本法第二十一条的规定,拒绝环境保护行政主管部门或者其他依照本法规定行使环境噪声监督管理权的部门、机构现场检查或者在被检查时弄虚作假的，环境保护行政主管部门或者其他依照本法规定行使环境噪声监督管理权的监督管理部门、机构可以根据不同情节，给予警告或者处以罚款。

第五十六条 建筑施工单位违反本法第三十条第一款的规定，在城市市区噪声敏感建筑的集中区域内，夜间进行禁止进行的产生环境噪声污染的建筑施工作业的，由工程所在地县级以上地方人民政府环境保护行政主管部门责令改正，可以并处罚款。

第五十七条 违反本法第三十四条的规定，机动车辆不按照规定使用声响装置的，由当地公安机关根据不同情节给予警告或者处以罚款。

机动船舶有前款违法行为的，由港务监督机构根据不同情节给予警告或者处以罚款。

铁路机车有第一款违法行为的，由铁路主管部门对有关责任人员给予行政处分。

第五十八条 违反本法规定，有下列行为之一的，由公安机关给予警告，可以并处罚款：

（一）在城市市区噪声敏感建筑物集中区域内使用高音广播喇叭；

（二）违反当地公安机关的规定，在城市市区街道、广场、公园等公共场所组织娱乐、集会等活动，使用音响器材，产生干扰周围生活环境的过大音量的；

（三）未按本法第四十六条和第四十七条规定采取措施，从家庭室内发出严重干扰周围居民生活的环境噪声的。

第五十九条 违反本法第四十三条第二款、第四十四条第二款的规定，造成环境噪声污染的，由县级以上地方人民政府环境保护行政主管部门责令改正，可以并处罚款。

第六十条 违反本法第四十四条第一款的规定，造成环境噪声污染的，由公安机关责令改正，可以并处罚款。

省级以上人民政府依法决定由县级以上地方人民政府环境保护行政主管部门行使前款规定的行政处罚权的，从其决定。

第六十一条 受到环境噪声污染危害的单位和个人，有权要求加害人排除危害；造成损失的，依法赔偿损失。

赔偿责任和赔偿金额的纠纷，可以根据当事人的请求，由环境保护行政主管部门或者其他环境噪声污染防治工作的监督管理部门、机构调解处理；调解不成的，当事人可以向人民法院起诉。当事人也可以直接向人民法院起诉。

第六十二条 环境噪声污染防治监督管理人员滥用职权、玩忽职守、徇私舞弊的，由其所在单位或者上级主管机关给予行政处分；构成犯罪的，依法追究刑事责任。

第八章 附 则

第六十三条 本法中下列用语的含义是：

（一）"噪声排放"是指噪声源向周围生活环境辐射噪声。

（二）"噪声敏感建筑物"是指医院、学校、机关、科研单位、住宅等需要保持安静的建筑物。

（三）"噪声敏感建筑物集中区域"是指医疗区、文教科研区和以机关或者居民住宅为主的区域。

（四）"夜间"是指晚二十二点至晨六点之间的期间。

（五）"机动车辆"是指汽车和摩托车。

第六十四条 本法自 1997 年 3 月 1 日起施行。1989 年 9 月 26 日国务院发布的《中华人民共和国环境噪声污染防治条例》同时废止。

中华人民共和国固体废物
污染环境防治法

中华人民共和国主席令

第五十七号

《全国人民代表大会常务委员会关于修改〈中华人民共和国对外贸易法〉等十二部法律的决定》已由中华人民共和国第十二届全国人民代表大会常务委员会第二十四次会议于 2016 年 11 月 7 日通过，现予公布，自公布之日起施行。

中华人民共和国主席　习近平

2016 年 11 月 7 日

（1995 年 10 月 30 日第八届全国人民代表大会常务委员会第十六次会议通过；2004 年 12 月 29 日第十届

全国人民代表大会常务委员会第十三次会议修订；根据 2013 年 6 月 29 日第十二届全国人民代表大会常务委员会第三次会议《关于修改〈中华人民共和国文物保护法〉等十二部法律的决定》第一次修正；根据 2015 年 4 月 24 日第十二届全国人民代表大会常务委员会第十四次会议《关于修改〈中华人民共和国港口法〉等七部法律的决定》第二次修正；根据 2016 年 11 月 7 日第十二届全国人民代表大会常务委员会第二十四次会议《关于修改〈中华人民共和国对外贸易法〉等十二部法律的决定》第三次修正)

第一章　总　则

第一条　为了防治固体废物污染环境，保障人体健康，维护生态安全，促进经济社会可持续发展，制定本法。

第二条　本法适用于中华人民共和国境内固体废物污染环境的防治。

固体废物污染海洋环境的防治和放射性固体废物污染环境的防治不适用本法。

第三条　国家对固体废物污染环境的防治，实行减少固体废物的产生量和危害性、充分合理利用固体废物和无害化处置固体废物的原则，促进清洁生产和循环经济发展。

国家采取有利于固体废物综合利用活动的经济、技术政策和措施，对固体废物实行充分回收和合理利用。

国家鼓励、支持采取有利于保护环境的集中处置固体废物的措施，促进固体废物污染环境防治产业发展。

第四条 县级以上人民政府应当将固体废物污染环境防治工作纳入国民经济和社会发展计划，并采取有利于固体废物污染环境防治的经济、技术政策和措施。

国务院有关部门、县级以上地方人民政府及其有关部门组织编制城乡建设、土地利用、区域开发、产业发展等规划，应当统筹考虑减少固体废物的产生量和危害性、促进固体废物的综合利用和无害化处置。

第五条 国家对固体废物污染环境防治实行污染者依法负责的原则。

产品的生产者、销售者、进口者、使用者对其产生的固体废物依法承担污染防治责任。

第六条 国家鼓励、支持固体废物污染环境防治的科学研究、技术开发、推广先进的防治技术和普及固体废物污染环境防治的科学知识。

各级人民政府应当加强防治固体废物污染环境的宣传教育，倡导有利于环境保护的生产方式和生活方式。

第七条 国家鼓励单位和个人购买、使用再生产品和可重复利用产品。

第八条 各级人民政府对在固体废物污染环境防治工作以及相关的综合利用活动中作出显著成绩的单位和个人给予奖励。

第九条 任何单位和个人都有保护环境的义务，并有权对造成固体废物污染环境的单位和个人进行检举和控告。

第十条 国务院环境保护行政主管部门对全国固体废物污染环境的防治工作实施统一监督管理。国务院有关部门在各自的职责范围内负责固体废物污染环境防治的监督管理工作。

县级以上地方人民政府环境保护行政主管部门对本行政区域内固体废物污染环境的防治工作实施统一监督管理。县级以上地方人民政府有关部门在各自的职责范围内负责固体废物污染环境防治的监督管理工作。

国务院建设行政主管部门和县级以上地方人民政府环境卫生行政主管部门负责生活垃圾清扫、收集、贮存、运输和处置的监督管理工作。

第二章 固体废物污染环境防治的监督管理

第十一条 国务院环境保护行政主管部门会同国务院有关行政主管部门根据国家环境质量标准和国家经济、技术条 件，制定国家固体废物污染环境防治技术标准。

第十二条 国务院环境保护行政主管部门建立固体废物污染环境监测制度，制定统一的监测规范，并会同有关部门组织监测网络。

大、中城市人民政府环境保护行政主管部门应当定期发布固体废物的种类、产生量、处置状况等信息。

第十三条 建设产生固体废物的项目以及建设贮存、利用、处置固体废物的项目，必须依法进行环境影响评价，并遵守国家有关建设项目环境保护管理的规定。

第十四条 建设项目的环境影响评价文件确定需要配套建设的固体废物污染环境防治设施，必须与主体工程同时设计、同时施工、同时投入使用。固体废物污染环境防治设施必须经原审批环境影响评价文件的环境保护行政主管部门验收合格后，该建设项目方可投入生产或者使用。对固体废物污染环境防治设施的验收应当与对主体工程的验收同时进行。

第十五条 县级以上人民政府环境保护行政主管部门和其他固体废物污染环境防治工作的监督管理部门，有权依据各自的职责对管辖范围内与固体废物污染环境防治有关的单位进行现场检查。被检查的单位应当如实反映情况，提供必要的资料。检查机关应当为被检查的单位保守技术秘密和业务秘密。

检查机关进行现场检查时，可以采取现场监测、采集样品、查阅或者复制与固体废物污染环境防治相关的资料等措施。检查人员进行现场检查，应当出示证件。

第三章　固体废物污染环境的防治

第一节　一般规定

第十六条 产生固体废物的单位和个人，应当采取措施，防止或者减少固体废物对环境的污染。

第十七条 收集、贮存、运输、利用、处置固体废物的单位和个人，必须采取防扬散、防流失、防渗漏或者其他防止污染环境的措施；不得擅自倾倒、堆放、丢弃、遗撒固体废物。

禁止任何单位或者个人向江河、湖泊、运河、渠道、水库及其最高水位线以下的滩地和岸坡等法律、法规规定禁止倾倒、堆放废弃物的地点倾倒、堆放固体废物。

第十八条 产品和包装物的设计、制造，应当遵守国家有关清洁生产的规定。国务院标准化行政主管部门应当根据国家经济和技术条 件、固体废物污染环境防治状况以及产品的技术要求，组织制定有关标准，防止过度包装造成环境污染。

生产、销售、进口依法被列入强制回收目录的产品和包装物的企业，必须按照国家有关规定对该产品和包装物进行回收。

第十九条 国家鼓励科研、生产单位研究、生产易回收利用、易处置或者在环境中可降解的薄膜覆盖物和商品包装物。

使用农用薄膜的单位和个人，应当采取回收利用等措施，防止或者减少农用薄膜对环境的污染。

第二十条 从事畜禽规模养殖应当按照国家有关规定收集、贮存、利用或者处置养殖过程中产生的畜禽粪便，防止污染环境。

禁止在人口集中地区、机场周围、交通干线附近以及当地人民政府划定的区域露天焚烧秸秆。

第二十一条 对收集、贮存、运输、处置固体废物的设施、设备和场所，应当加强管理和维护，保证其正常运行和使用。

第二十二条 在国务院和国务院有关主管部门及省、自治区、直辖市人民政府划定的自然保护区、风景名胜区、饮用水水源保护区、基本农田保护区和其他需要特别保护的区域内，禁止建设工业固体废物集中贮存、处置的设施、场所和生活垃垃填埋场。

第二十三条 转移固体废物出省、自治区、直辖市行政区域贮存、处置的，应当向固体废物移出地的省、自治区、直辖市人民政府环境保护行政主管部门提出申请。移出地的省、自治区、直辖市人民政府环境保护行政主管部门应当商经接受地的省、自治区、直辖市人民政府环境保护行政主管部门同意后，方可批准转移该固体废物出省、自治区、直辖市行政区域。未经批准的，不得转移。

第二十四条 禁止中华人民共和国境外的固体废物进境倾倒、堆放、处置。

第二十五条 禁止进口不能用作原料或者不能以无害化方式利用的固体废物；对可以用作原料的固体废物实行限制进口和自动许可进口分类管理。

国务院环境保护行政主管部门会同国务院对外贸易主管部门、国务院经济综合宏观调控部门、海关总署、国务院质量监督检验检疫部门制定、调整并公布禁止进口、限制进口和自动许可进口的固体废物目录。

禁止进口列入禁止进口目录的固体废物。进口列入限制进口目录的固体废物，应当经国务院环境保护行政主管部门会同国务院对外贸易主管部门审查许可。进口列入自动许可进口目录的固体废物，应当依法办理自动许可手续。

进口的固体废物必须符合国家环境保护标准，并经质量监督检验检疫部门检验合格。

进口固体废物的具体管理办法，由国务院环境保护行政主管部门会同国务院对外贸易主管部门、国务院经济综合宏观调控部门、海关总署、国务院质量监督检验检疫部门制定。

第二十六条 进口者对海关将其所进口的货物纳入固体废物管理范围不服的，可以依法申请行政复议，也可以向人民法院提起行政诉讼。

第二节 工业固体废物污染环境的防治

第二十七条 国务院环境保护行政主管部门应当会同国务院经济综合宏观调控部门和其他有关部门对工业固体废物对环境的污染作出界定，制定防治工业固体废物污染环境的技术政策，组织推广先进的防治工业固体废物污染环境的生产工艺和设备。

第二十八条 国务院经济综合宏观调控部门应当会同国务院有关部门组织研究、开发和推广减少工业固体废物产生量和危害性的生产工艺和设备，公布限期淘汰产生严重污染环境的工业固体废物的落后生产工艺、落后设备的名录。

生产者、销售者、进口者、使用者必须在国务院经济综合宏观调控部门会同国务院有关部门规定的期限内分别停止生产、销售、进口或者使用列入前款规定的名录中的设备。生产工艺的采用者必须在国务院经济综合宏观调控部门会同国务院有关部门规定的期限内停止采用列入前款规定的名录中的工艺。

列入限期淘汰名录被淘汰的设备，不得转让给他人使用。

第二十九条 县级以上人民政府有关部门应当制定工业固体废物污染环境防治工作规划，推广能够减少工业固体废物产生量和危害性的先进生产工艺和设备，推动工业固体废物污染环境防治工作。

第三十条 产生工业固体废物的单位应当建立、健全污染环境防治责任制度，采取防治工业固体废物污染环境的措施。

第三十一条 企业事业单位应当合理选择和利用原材料、能源和其他资源，采用先进的生产工艺和设备，减少工业固体废物产生量，降低工业固体废物的危害性。

第三十二条 国家实行工业固体废物申报登记制度。

产生工业固体废物的单位必须按照国务院环境保护行政主管部门的规定，向所在地县级以上地方人民政府环境保护行政主管部门提供工业固体废物的种类、产生量、流向、贮存、处置等有关资料。

前款规定的申报事项有重大改变的，应当及时申报。

第三十三条 企业事业单位应当根据经济、技术条件对其产生的工业固体废物加以利用；对暂时不利用或者不能利用的，必须按照国务院环境保护行政主管部门的规定建设贮存设施、场所，安全分类存放，或者采取无害化处置措施。

建设工业固体废物贮存、处置的设施、场所，必须符合国家环境保护标准。

第三十四条 禁止擅自关闭、闲置或者拆除工业固体废物污染环境防治设施、场所；确有必要关闭、闲置或者拆除的，必须经所在地县级以上地方人民政府环境保护行政主管部门核准，并采取措施，防止污染环境。

第三十五条 产生工业固体废物的单位需要终止的，应当事先对工业固体废物的贮存、处置的设施、场所采取污染防治措施，并对未处置的工业固体废物作出妥善处置，防止污染环境。

产生工业固体废物的单位发生变更的，变更后的单位应当按照国家有关环境保护的规定对未处置的工业固体废物及其贮存、处置的设施、场所进行安全处置或者采取措施保证该设施、场所安全运行。变更前当事人对工业固体废物及其贮存、处置的设施、场所的污染防治责任另有约定的，从其约定；但是，不得免除当事人的污染防治义务。

对本法施行前已经终止的单位未处置的工业固体废物及其贮存、处置的设施、场所进行安全处置的费用，由有关人民政府承担；但是，该单位享有的土地使用权依法转让的，应当由土地使用权受让人承担处置费用。当事人另有约定的，从其约定；但是，不得免除当事人的污染防治义务。

第三十六条 矿山企业应当采取科学的开采方法和选矿工艺，减少尾矿、矸石、废石等矿业固体废物的产生量和贮存量。

尾矿、矸石、废石等矿业固体废物贮存设施停止使用后，矿山企业应当按照国家有关环境保护规定进行封场，防止造成环境污染和生态破坏。

第三十七条 拆解、利用、处置废弃电器产品和废弃机动车船，应当遵守有关法律、法规的规定，采取措施，防止污染环境。

第三节 生活垃圾污染环境的防治

第三十八条 县级以上人民政府应当统筹安排建设城乡生

活垃圾收集、运输、处置设施，提高生活垃圾的利用率和无害化处置率，促进生活垃圾收集、处置的产业化发展，逐步建立和完善生活垃圾污染环境防治的社会服务体系。

第三十九条　县级以上地方人民政府环境卫生行政主管部门应当组织对城市生活垃圾进行清扫、收集、运输和处置，可以通过招标等方式选择具备条　件的单位从事生活垃圾的清扫、收集、运输和处置。

第四十条　对城市生活垃圾应当按照环境卫生行政主管部门的规定，在指定的地点放置，不得随意倾倒、抛撒或者堆放。

第四十一条　清扫、收集、运输、处置城市生活垃圾，应当遵守国家有关环境保护和环境卫生管理的规定，防止污染环境。

第四十二条　对城市生活垃圾应当及时清运，逐步做到分类收集和运输，并积极开展合理利用和实施无害化处置。

第四十三条　城市人民政府应当有计划地改进燃料结构，发展城市煤气、天然气、液化气和其他清洁能源。

城市人民政府有关部门应当组织净菜进城，减少城市生活垃圾。

城市人民政府有关部门应当统筹规划，合理安排收购网点，促进生活垃圾的回收利用工作。

第四十四条　建设生活垃圾处置的设施、场所，必须符合国务院环境保护行政主管部门和国务院建设行政主管部门规定的环境保护和环境卫生标准。

禁止擅自关闭、闲置或者拆除生活垃圾处置的设施、场所；

确有必要关闭、闲置或者拆除的，必须经所在地县级以上地方人民政府环境卫生行政主管部门和环境保护行政主管部门核准，并采取措施，防止污染环境。

第四十五条 从生活垃圾中回收的物质必须按照国家规定的用途或者标准使用，不得用于生产可能危害人体健康的产品。

第四十六条 工程施工单位应当及时清运工程施工过程中产生的固体废物，并按照环境卫生行政主管部门的规定进行利用或者处置。

第四十七条 从事公共交通运输的经营单位，应当按照国家有关规定，清扫、收集运输过程中产生的生活垃圾。

第四十八条 从事城市新区开发、旧区改建和住宅小区开发建设的单位，以及机场、码头、车站、公园、商店等公共设施、场所的经营管理单位，应当按照国家有关环境卫生的规定，配套建设生活垃圾收集设施。

第四十九条 农村生活垃圾污染环境防治的具体办法，由地方性法规规定。

第四章　危险废物污染环境
防治的特别规定

第五十条 危险废物污染环境的防治，适用本章规定；本章未作规定的，适用本法其他有关规定。

第五十一条 国务院环境保护行政主管部门应当会同国务院有关部门制定国家危险废物名录，规定统一的危险废物鉴别标准、鉴别方法和识别标志。

第五十二条 对危险废物的容器和包装物以及收集、贮存、运输、处置危险废物的设施、场所，必须设置危险废物识别标志。

第五十三条 产生危险废物的单位，必须按照国家有关规定制定危险废物管理计划，并向所在地县级以上地方人民政府环境保护行政主管部门申报危险废物的种类、产生量、流向、贮存、处置等有关资料。

前款所称危险废物管理计划应当包括减少危险废物产生量和危害性的措施以及危险废物贮存、利用、处置措施。危险废物管理计划应当报产生危险废物的单位所在地县级以上地方人民政府环境保护行政主管部门备案。

本条 规定的申报事项或者危险废物管理计划内容有重大改变的，应当及时申报。

第五十四条 国务院环境保护行政主管部门会同国务院经济综合宏观调控部门组织编制危险废物集中处置设施、场所的建设规划，报国务院批准后实施。

县级以上地方人民政府应当依据危险废物集中处置设施、场所的建设规划组织建设危险废物集中处置设施、场所。

第五十五条 产生危险废物的单位，必须按照国家有关规定处置危险废物，不得擅自倾倒、堆放；不处置的，由所在地县级以上地方人民政府环境保护行政主管部门责令限期改正；逾期不处置或者处置不符合国家有关规定的，由所在地县级以上地方人民政府环境保护行政主管部门指定单位按照国家有关规定代为处置，处置费用由产生危险废物的单位承担。

第五十六条 以填埋方式处置危险废物不符合国务院环境保护行政主管部门规定的，应当缴纳危险废物排污费。危险废物排污费征收的具体办法由国务院规定。

危险废物排污费用于污染环境的防治，不得挪作他用。

第五十七条 从事收集、贮存、处置危险废物经营活动的单位，必须向县级以上人民政府环境保护行政主管部门申请领取经营许可证；从事利用危险废物经营活动的单位，必须向国务院环境保护行政主管部门或者省、自治区、直辖市人民政府环境保护行政主管部门申请领取经营许可证。具体管理办法由国务院规定。

禁止无经营许可证或者不按照经营许可证规定从事危险废物收集、贮存、利用、处置的经营活动。

禁止将危险废物提供或者委托给无经营许可证的单位从事收集、贮存、利用、处置的经营活动。

第五十八条 收集、贮存危险废物，必须按照危险废物特性分类进行。禁止混合收集、贮存、运输、处置性质不相容而未经安全性处置的危险废物。

贮存危险废物必须采取符合国家环境保护标准的防护措施，并不得超过一年；确需延长期限的，必须报经原批准经营许可证的环境保护行政主管部门批准；法律、行政法规另有规定的除外。

禁止将危险废物混入非危险废物中贮存。

第五十九条 转移危险废物的，必须按照国家有关规定填写危险废物转移联单，并向危险废物移出地设区的市级以上地方人民政府环境保护行政主管部门提出申请。移出地设区的市级以上地方人民政府环境保护行政主管部门应当商经接受地设区的市级以上地方人民政府环境保护行政主管部门同意后，方可批准转移该危险废物。未经批准的，不得转移。

转移危险废物途经移出地、接受地以外行政区域的，危险废物移出地设区的市级以上地方人民政府环境保护行政主管部门应当及时通知沿途经过的设区的市级以上地方人民政府环境保护行政主管部门。

第六十条 运输危险废物，必须采取防止污染环境的措施，并遵守国家有关危险货物运输管理的规定。

禁止将危险废物与旅客在同一运输工具上载运。

第六十一条 收集、贮存、运输、处置危险废物的场所、设施、设备和容器、包装物及其他物品转作他用时，必须经过消除污染的处理，方可使用。

第六十二条 产生、收集、贮存、运输、利用、处置危险废物的单位，应当制定意外事故的防范措施和应急预案，并向所在地县级以上地方人民政府环境保护行政主管部门备案；环境保护行政主管部门应当进行检查。

第六十三条 因发生事故或者其他突发性事件，造成危险废物严重污染环境的单位，必须立即采取措施消除或者减轻对环境的污染危害，及时通报可能受到污染危害的单位和居民，并向所在地县级以上地方人民政府环境保护行政主管部门和有关部门报告，接受调查处理。

第六十四条　在发生或者有证据证明可能发生危险废物严重污染环境、威胁居民生命财产安全时，县级以上地方人民政府环境保护行政主管部门或者其他固体废物污染环境防治工作的监督管理部门必须立即向本级人民政府和上一级人民政府有关行政主管部门报告，由人民政府采取防止或者减轻危害的有效措施。有关人民政府可以根据需要责令停止导致或者可能导致环境污染事故的作业。

第六十五条　重点危险废物集中处置设施、场所的退役费用应当预提，列入投资概算或者经营成本。具体提取和管理办法，由国务院财政部门、价格主管部门会同国务院环境保护行政主管部门规定。

第六十六条　禁止经中华人民共和国过境转移危险废物。

第五章　法律责任

第六十七条　县级以上人民政府环境保护行政主管部门或者其他固体废物污染环境防治工作的监督管理部门违反本法规定，有下列行为之一的，由本级人民政府或者上级人民政府有关行政主管部门责令改正，对负有责任的主管人员和其他直接责任人员依法给予行政处分；构成犯罪的，依法追究刑事责任：

（一）不依法作出行政许可或者办理批准文件的；

（二）发现违法行为或者接到对违法行为的举报后不予查处的；

（三）有不依法履行监督管理职责的其他行为的。

第六十八条 违反本法规定，有下列行为之一的，由县级以上人民政府环境保护行政主管部门责令停止违法行为，限期改正，处以罚款：

（一）不按照国家规定申报登记工业固体废物，或者在申报登记时弄虚作假的；

（二）对暂时不利用或者不能利用的工业固体废物未建设贮存的设施、场所安全分类存放，或者未采取无害化处置措施的；

（三）将列入限期淘汰名录被淘汰的设备转让给他人使用的；

（四）擅自关闭、闲置或者拆除工业固体废物污染环境防治设施、场所的；

（五）在自然保护区、风景名胜区、饮用水水源保护区、基本农田保护区和其他需要特别保护的区域内，建设工业固体废物集中贮存、处置的设施、场所和生活垃圾填埋场的；

（六）擅自转移固体废物出省、自治区、直辖市行政区域贮存、处置的；

（七）未采取相应防范措施，造成工业固体废物扬散、流失、渗漏或者造成其他环境污染的；

（八）在运输过程中沿途丢弃、遗撒工业固体废物的。

有前款第一项、第八项行为之一的，处五千元以上五万元以下的罚款；有前款第二项、第三项、第四项、第五项、第六项、第七项行为之一的，处一万元以上十万元以下的罚款。

第六十九条 违反本法规定，建设项目需要配套建设的固体废物污染环境防治设施未建成、未经验收或者验收不合格，主体工程即投入生产或者使用的，由审批该建设项目环境影响评价文件的环境保护行政主管部门责令停止生产或者使用，可以并处十万元以下的罚款。

第七十条　违反本法规定，拒绝县级以上人民政府环境保护行政主管部门或者其他固体废物污染环境防治工作的监督管理部门现场检查的，由执行现场检查的部门责令限期改正；拒不改正或者在检查时弄虚作假的，处二千元以上二万元以下的罚款。

第七十一条　从事畜禽规模养殖未按照国家有关规定收集、贮存、处置畜禽粪便，造成环境污染的，由县级以上地方人民政府环境保护行政主管部门责令限期改正，可以处五万元以下的罚款。

第七十二条　违反本法规定，生产、销售、进口或者使用淘汰的设备，或者采用淘汰的生产工艺的，由县级以上人民政府经济综合宏观调控部门责令改正；情节严重的，由县级以上人民政府经济综合宏观调控部门提出意见，报请同级人民政府按照国务院规定的权限决定停业或者关闭。

第七十三条　尾矿、矸石、废石等矿业固体废物贮存设施停止使用后，未按照国家有关环境保护规定进行封场的，由县级以上地方人民政府环境保护行政主管部门责令限期改正，可以处五万元以上二十万元以下的罚款。

第七十四条　违反本法有关城市生活垃圾污染环境防治的规定，有下列行为之一的，由县级以上地方人民政府环境卫生行政主管部门责令停止违法行为，限期改正，处以罚款：

（一）随意倾倒、抛撒或者堆放生活垃圾的；

（二）擅自关闭、闲置或者拆除生活垃圾处置设施、场所的；

（三）工程施工单位不及时清运施工过程中产生的固体废物，造成环境污染的；

（四）工程施工单位不按照环境卫生行政主管部门的规定对施工过程中产生的固体废物进行利用或者处置的；

（五）在运输过程中沿途丢弃、遗撒生活垃圾的。

单位有前款第一项、第三项、第五项行为之一的，处五千元以上五万元以下的罚款；有前款第二项、第四项行为之一的，处一万元以上十万元以下的罚款。个人有前款第一项、第五项行为之一的，处二百元以下的罚款。

第七十五条 违反本法有关危险废物污染环境防治的规定，有下列行为之一的，由县级以上人民政府环境保护行政主管部门责令停止违法行为，限期改正，处以罚款：

（一）不设置危险废物识别标志的；

（二）不按照国家规定申报登记危险废物，或者在申报登记时弄虚作假的；

（三）擅自关闭、闲置或者拆除危险废物集中处置设施、场所的；

（四）不按照国家规定缴纳危险废物排污费的；

（五）将危险废物提供或者委托给无经营许可证的单位从事经营活动的；

（六）不按照国家规定填写危险废物转移联单或者未经批准擅自转移危险废物的；

（七）将危险废物混入非危险废物中贮存的；

（八）未经安全性处置，混合收集、贮存、运输、处置具有不相容性质的危险废物的；

（九）将危险废物与旅客在同一运输工具上载运的；

（十）未经消除污染的处理将收集、贮存、运输、处置危险废物的场所、设施、设备和容器、包装物及其他物品转作他用的；

（十一）未采取相应防范措施，造成危险废物扬散、流失、渗漏或者造成其他环境污染的；

（十二）在运输过程中沿途丢弃、遗撒危险废物的；

（十三）未制定危险废物意外事故防范措施和应急预案的。

有前款第一项、第二项、第七项、第八项、第九项、第十项、第十一项、第十二项、第十三项行为之一的，处一万元以上十万元以下的罚款；有前款第三项、第五项、第六项行为之一的，处二万元以上二十万元以下的罚款；有前款第四项行为的，限期缴纳，逾期不缴纳的，处应缴纳危险废物排污费金额一倍以上三倍以下的罚款。

第七十六条 违反本法规定，危险废物产生者不处置其产生的危险废物又不承担依法应当承担的处置费用的，由县级以上地方人民政府环境保护行政主管部门责令限期改正，处代为处置费用一倍以上三倍以下的罚款。

第七十七条 无经营许可证或者不按照经营许可证规定从

事收集、贮存、利用、处置危险废物经营活动的，由县级以上人民政府环境保护行政主管部门责令停止违法行为，没收违法所得，可以并处违法所得三倍以下的罚款。

不按照经营许可证规定从事前款活动的，还可以由发证机关吊销经营许可证。

第七十八条 违反本法规定，将中华人民共和国境外的固体废物进境倾倒、堆放、处置的，进口属于禁止进口的固体废物或者未经许可擅自进口属于限制进口的固体废物用作原料的，由海关责令退运该固体废物，可以并处十万元以上一百万元以下的罚款；构成犯罪的，依法追究刑事责任。进口者不明的，由承运人承担退运该固体废物的责任，或者承担该固体废物的处置费用。

逃避海关监管将中华人民共和国境外的固体废物运输进境，构成犯罪的，依法追究刑事责任。

第七十九条 违反本法规定，经中华人民共和国过境转移危险废物的，由海关责令退运该危险废物，可以并处五万元以上五十万元以下的罚款。

第八十条 对已经非法入境的固体废物，由省级以上人民政府环境保护行政主管部门依法向海关提出处理意见，海关应当依照本法第七十八条 的规定作出处罚决定；已经造成环境污染的，由省级以上人民政府环境保护行政主管部门责令进口者消除污染。

第八十一条 违反本法规定，造成固体废物严重污染环境的，由县级以上人民政府环境保护行政主管部门按照国务院规定的权限决定限期治理；逾期未完成治理任务的，由本级人民政府决定停业或者关闭。

第八十二条　违反本法规定，造成固体废物污染环境事故的，由县级以上人民政府环境保护行政主管部门处二万元以上二十万元以下的罚款；造成重大损失的，按照直接损失的百分之三十计算罚款，但是最高不超过一百万元，对负有责任的主管人员和其他直接责任人员，依法给予行政处分；造成固体废物污染环境重大事故的，并由县级以上人民政府按照国务院规定的权限决定停业或者关闭。

第八十三条　违反本法规定，收集、贮存、利用、处置危险废物，造成重大环境污染事故，构成犯罪的，依法追究刑事责任。

第八十四条　受到固体废物污染损害的单位和个人，有权要求依法赔偿损失。

赔偿责任和赔偿金额的纠纷，可以根据当事人的请求，由环境保护行政主管部门或者其他固体废物污染环境防治工作的监督管理部门调解处理；调解不成的，当事人可以向人民法院提起诉讼。当事人也可以直接向人民法院提起诉讼。

国家鼓励法律服务机构对固体废物污染环境诉讼中的受害人提供法律援助。

第八十五条　造成固体废物污染环境的，应当排除危害，依法赔偿损失，并采取措施恢复环境原状。

第八十六条　因固体废物污染环境引起的损害赔偿诉讼，由加害人就法律规定的免责事由及其行为与损害结果之间不存在因果关系承担举证责任。

第八十七条 固体废物污染环境的损害赔偿责任和赔偿金额的纠纷，当事人可以委托环境监测机构提供监测数据。环境监测机构应当接受委托，如实提供有关监测数据。

第六章 附 则

第八十八条 本法下列用语的含义：

（一）固体废物，是指在生产、生活和其他活动中产生的丧失原有利用价值或者虽未丧失利用价值但被抛弃或者放弃的固态、半固态和置于容器中的气态的物品、物质以及法律、行政法规规定纳入固体废物管理的物品、物质。

（二）工业固体废物，是指在工业生产活动中产生的固体废物。

（三）生活垃圾，是指在日常生活中或者为日常生活提供服务的活动中产生的固体废物以及法律、行政法规规定视为生活垃圾的固体废物。

（四）危险废物，是指列入国家危险废物名录或者根据国家规定的危险废物鉴别标准和鉴别方法认定的具有危险特性的固体废物。

（五）贮存，是指将固体废物临时置于特定设施或者场所中的活动。

（六）处置，是指将固体废物焚烧和用其他改变固体废物的物理、化学、生物特性的方法，达到减少已产生的固体废物数量、缩小固体废物体积、减少或者消除其危险成份的活动，或者将固体废物最终置于符合环境保护规定要求的填埋场的活动。

（七）利用，是指从固体废物中提取物质作为原材料或者燃料的活动。

第八十九条 液态废物的污染防治，适用本法；但是，排入水体的废水的污染防治适用有关法律，不适用本法。

第九十条 中华人民共和国缔结或者参加的与固体废物污染环境防治有关的国际条约与本法有不同规定的，适用国际条约的规定；但是，中华人民共和国声明保留的条款除外。

第九十一条 本法自 2005 年 4 月 1 日起施行。

附　录

危险废物污染防治技术政策

国家环保局关于发布《危险废物污染防治技术政策》的通知

环发〔2001〕199号

各省、自治区、直辖市环境保护局（厅）、经贸委（经委）、科委（科技厅）：

　　为贯彻《中华人民共和国固体废物污染环境防治法》，保护生态环境，保障人体健康，指导危险废物污染防治工作，现批准发布《危险废物污染防治技术政策》，请遵照执行。

二〇〇一年十二月十七日

1　总则

1.1　为引导危险废物管理和处理处置技术的发展，促进社会和经济的可持续发展，根据《中华人民共和国固体废物污染环境防治法》等有关法规、政策和标准，制定本技术政策。本政策将随社会经济、技术水平的发展适时修订。

1.2 本技术政策所称危险废物是指列入国家危险废物名录或根据国家规定的危险废物鉴别标准和鉴别方法认定的具有危险特性的废物。

本技术政策所称特殊危险废物是指毒性大、或环境风险大、或难于管理、或不宜用危险废物的通用方法进行管理和处理处置，而需特别注意的危险废物，如医院临床废物、多氯联苯类废物、生活垃圾焚烧飞灰、废电池、废矿物油、含汞废日光灯管等。

1.3 我国危险废物管理的阶段性目标是：

到2005年，重点区域和重点城市产生的危险废物得到妥善贮存，有条件的实现安全处置；实现医院临床废物的环境无害化处理处置；将全国危险废物产生量控制在2000年末的水平；在全国实施危险废物申报登记制度、转移联单制度和许可证制度。

到2010年，重点区域和重点城市的危险废物基本实现环境无害化处理处置。

到2015年，所有城市的危险废物基本实现环境无害化处理处置。

1.4 本技术政策适用于危险废物的产生、收集、运输、分类、检测、包装、综合利用、贮存和处理处置等全过程污染防治的技术选择，并指导相应设施的规划、立项、选址、设计、施工、运营和管理，引导相关产业的发展。

1.5 本技术政策的总原则是危险废物的减量化、资源化和无害化。

1.6 鼓励并支持跨行政区域的综合性危险废物集中处理处置设施的建设和运营。

1.7 危险废物的收集运输单位、处理处置设施的设计、施工和运营单位应具有相应的技术资质。

1.8 各级政府应通过制定鼓励性经济政策等措施加快建立符合环境保护要求的危险废物收集、贮存、处理处置体系,积极推动危险废物的污染防治工作。

2 危险废物的减量化

2.1 危险废物减量化适用于任何产生危险废物的工艺过程。各级政府应通过经济和其他政策措施促进企业清洁生产,防止和减少危险废物的产生。企业应积极采用低废、少废、无废工艺,禁止采用《淘汰落后生产能力、工艺和产品的目录》中明令淘汰的技术工艺和设备。

2.2 对已经产生的危险废物,必须按照国家有关规定申报登记,建设符合标准的专门设施和场所妥善保存并设立危险废物标示牌,按有关规定自行处理处置或交由持有危险废物经营许可证的单位收集、运输、贮存和处理处置。在处理处置过程中,应采取措施减少危险废物的体积、重量和危险程度。

3 危险废物的收集和运输

3.1 危险废物要根据其成分,用符合国家标准的专门容器分类收集。

3.2 装运危险废物的容器应根据危险废物的不同特性而设计,不易破损、变形、老化,能有效地防止渗漏、扩散。装有危险废物的容器必须贴有标签,在标签上详细标明危险废物的名称、重量、成分、特性以及发生泄漏、扩散污染事故时的应急措施和补救方法。

3.3 居民生活、办公和第三产业产生的危险废物（如废电池、废日光灯管等）应与生活垃圾分类收集，通过分类收集提高其回收利用和无害化处理处置，逐步建立和完善社会源危险废物的回收网络。

3.4 鼓励发展安全高效的危险废物运输系统，鼓励发展各种形式的专用车辆，对危险废物的运输要求安全可靠，要严格按照危险废物运输的管理规定进行危险废物的运输，减少运输过程中的二次污染和可能造成的环境风险。

3.5 鼓励成立专业化的危险废物运输公司对危险废物实行专业化运输，运输车辆需有特殊标志。

4 危险废物的转移

4.1 危险废物的越境转移应遵从《控制危险废物越境转移及其处置的巴塞尔公约》的要求，危险废物的国内转移应遵从《危险废物转移联单管理办法》及其它有关规定的要求。

4.2 各级环境保护行政主管部门应按照国家和地方制定的危险废物转移管理办法对危险废物的流向进行有效控制，禁止在转移过程中将危险废物排放至环境中。

5 危险废物的资源化

5.1 已产生的危险废物应首先考虑回收利用，减少后续处理处置的负荷。回收利用过程应达到国家和地方有关规定的要求，避免二次污染。

5.2 生产过程中产生的危险废物，应积极推行生产系统内的回收利用。生产系统内无法回收利用的危险废物，通过系统外的危险废物交换、物质转化、再加工、能量转化等措施实现回收利用。

5.3 各级政府应通过设立专项基金、政府补贴等经济政策和其他政策措施鼓励企业对已经产生的危险废物进行回收利用，实现危险废物的资源化。

5.4 国家鼓励危险废物回收利用技术的研究与开发，逐步提高危险废物回收利用技术和装备水平，积极推广技术成熟、经济可行的危险废物回收利用技术。

6 危险废物的贮存

6.1 对已产生的危险废物，若暂时不能回收利用或进行处理处置的，其产生单位须建设专门的危险废物贮存设施进行贮存，并设立危险废物标志，或委托具有专门危险废物贮存设施的单位进行贮存，贮存期限不得超过国家规定。贮存危险废物的单位需拥有相应的许可证。禁止将危险废物以任何形式转移给无许可证的单位，或转移到非危险废物贮存设施中。危险废物贮存设施应有相应的配套设施并按有关规定进行管理。

6.2 危险废物的贮存设施应满足以下要求：

6.2.1 应建有堵截泄漏的裙脚，地面与裙脚要用坚固防渗的材料建造。应有隔离设施、报警装置和防风、防晒、防雨设施；

6.2.2 基础防渗层为粘土层的，其厚度应在1米以上，渗透系数应小于 $1.010-7$ 厘米/秒；基础防渗层也可用厚度在2毫米以上的高密度聚乙烯或其他人工防渗材料组成，渗透系数应小于 1.010-10 厘米/秒；

6.2.3 须有泄漏液体收集装置及气体导出口和气体净化装置；

6.2.4 用于存放液体、半固体危险废物的地方，还须有耐腐蚀的硬化地面，地面无裂隙；

6.2.5 不相容的危险废物堆放区必须有隔离间隔断；

6.2.6 衬层上需建有渗滤液收集清除系统、径流疏导系统、雨水收集池。

6.2.7 贮存易燃易爆的危险废物的场所应配备消防设备，贮存剧毒危险废物的场所必须有专人 24 小时看管。

6.3 危险废物的贮存设施的选址与设计、运行与管理、安全防护、环境监测及应急措施、以及关闭等须遵循《危险废物贮存污染控制标准》的规定。

7 危险废物的焚烧处置

7.1 危险废物焚烧可实现危险废物的减量化和无害化，并可回收利用其余热。焚烧处置适用于不宜回收利用其有用组分、具有一定热值的危险废物。易爆废物不宜进行焚烧处置。焚烧设施的建设、运营和污染控制管理应遵循《危险废物焚烧污染控制标准》及其他有关规定。

7.2 危险废物焚烧处置应满足以下要求：

7.2.1 危险废物焚烧处置前必须进行前处理或特殊处理，达到进炉的要求，危险废物在炉内燃烧均匀、完全；

7.2.2 焚烧炉温度应达到 1100C 以上，烟气停留时间应在 2.0 秒以上，燃烧效率大于 99.9%，焚毁去除率大于 99.99%，焚烧残渣的热灼减率小于 5%（医院临床废物和含多氯联苯废物除外）；

7.2.3 焚烧设施必须有前处理系统、尾气净化系统、报警系统和应急处理装置。

7.2.4 危险废物焚烧产生的残渣、烟气处理过程中产生的飞灰，须按危险废物进行安全填埋处置。

7.3 危险废物的焚烧宜采用以旋转窑炉为基础的焚烧技术，可根据危险废物种类和特征选用其他不同炉型，鼓励改造并采用生产水泥的旋转窑炉附烧或专烧危险废物。

7.4 鼓励危险废物焚烧余热利用。对规模较大的危险废物焚烧设施，可实施热电联产。

7.5 医院临床废物、含多氯联苯废物等一些传染性的、或毒性大、或含持久性有机污染成分的特殊危险废物宜在专门焚烧设施中焚烧。

8 危险废物的安全填埋处置

8.1 危险废物安全填埋处置适用于不能回收利用其组分和能量的危险废物。

8.2 未经处理的危险废物不得混入生活垃圾填埋场，安全填埋为危险废物的最终处置手段。

8.3 危险废物安全填埋场必须按入场要求和经营许可证规定的范围接收危险废物，达不到入场要求的，须进行预处理并达到填埋场入场要求。

8.4 危险废物安全填埋场须满足以下要求：

8.4.1 有满足要求的防渗层，不得产生二次污染。

天然基础层饱和渗透系数小于 1.010-7 厘米/秒，且厚度大于 5 米时，可直接采用天然基础层作为防渗层；天然基础层饱和渗透系数为 1.010-7-1.010-6 厘米/秒时，可选用复合衬层作为防渗层，高密度聚乙烯的厚度不得低于 1.5 毫米；天然基础层饱和渗透系数大于 1.010-6 厘米/秒时，须采用双人工合成衬层（高密度聚乙烯）作为防渗层，上层厚度在 2.0 毫米以上，下层厚度在 1.0 毫米以上。

8.4.2 要严格按照作业规程进行单元式作业，做好压实和覆盖；

8.4.3 要做好清污水分流，减少渗沥水产生量，设置渗沥水导排设施和处理设施。对易产生气体的危险废物填埋场，应设置一定数量的排气孔、气体收集系统、净化系统和报警系统；

8.4.4 填埋场运行管理单位应自行或委托其他单位对填埋场地下水、地表水、大气要进行定期监测；

8.4.5 填埋场终场后，要进行封场处理，进行有效的覆盖和生态环境恢复；

8.4.6 填埋场封场后，经监测、论证和有关部门审定，才可以对土地进行适宜的非农业开发和利用。

8.5 危险废物填埋须满足《危险废物填埋污染控制标准》的规定。

9 特殊危险废物污染防治

9.1 医院临床废物（不含放射性废物）

9.1.1 鼓励医院临床废物的分类收集，分别进行处理处置。

人体组织器官、血液制品、沾染血液、体液的织物、传染病医院的临床废物、病人生活垃圾以及混合收集的医院临床废物宜建设专用焚烧设施进行处置，专用焚烧设施应符合《危险废物焚烧污染控制标准》的要求。

9.1.2　城市应建设集中处置设施，收集处置城市和城市所在区域的医院临床废物。

9.1.3　禁止一次性医疗器具和敷料的回收利用。

9.2　含多氯联苯废物

9.2.1　含多氯联苯废物应尽快集中到专用的焚烧设施中进行处置，不宜采用其它途径进行处置，其专用焚烧设施应符合国家《危险废物焚烧污染控制标准》的要求。

9.2.2　含多氯联苯废物的管理、贮存和处置还需遵循《防止含多氯联苯电力装置及其废物污染环境的规定》的规定。

9.2.3　对集中封存年限超过二十年的或未超过二十年但已造成环境污染的含多氯联苯废物，应限期进行焚烧处置。

9.2.4　对于新退出使用的含多氯联苯电力装置原则上必须进行焚烧处置，确有困难的可进行暂时性封存，但封存年限不应超过三年，暂存库和集中封存库的选址和设计必须符合《含多氯联苯（PCBs）废物的暂存库和集中封存库设计规范》的要求，集中封存库的建设必须进行环境影响评价。

9.2.5　应加强含多氯联苯危险废物的清查及其贮存设施的管理，并对含多氯联苯危险废物的处置过程进行跟踪管理。

9.3　生活垃圾焚烧飞灰

9.3.1　生活垃圾焚烧产生的飞灰必须单独收集，不得与生活垃圾、焚烧残渣等其它废物混合，也不得与其它危险废物混合。

9.3.2 生活垃圾焚烧飞灰不得在产生地长期贮存，不得进行简易处置，不得排放，生活垃圾焚烧飞灰在产生地必须进行必要的固化和稳定化处理之后方可运输，运输需使用专用运输工具，运输工具必须密闭。

9.3.3 生活垃圾焚烧飞灰须进行安全填埋处置。

9.4 废电池

9.4.1 国家和地方各级政府应制定技术、经济政策淘汰含汞、镉的电池。生产企业应按照国家法律和产业政策，调整产品结构，按期淘汰含汞、镉电池。

9.4.2 在含汞、镉的电池被淘汰之前，城市生活垃圾处理单位应建立分类收集、贮存、处理设施，对废电池进行有效的管理。

9.4.3 提倡废电池的分类收集，避免含汞、镉废电池混入生活垃圾焚烧设施。

9.4.4 废铅酸电池必须进行回收利用，不得用其它办法进行处置，其收集、运输环节必须纳入危险废物管理。鼓励发展年处理规模在2万吨以上的废铅酸电池回收利用，淘汰小型的再生铅企业，鼓励采用湿法再生铅生产工艺。

9.5 废矿物油

9.5.1 鼓励建立废矿物油收集体系，禁止将废矿物油任意抛洒、掩埋或倒入下水道以及用作建筑脱模油，禁止继续使用硫酸/白土法再生废矿物油。

9.5.2 废矿物油的管理应遵循《废润滑油回收与再生利用技术导则》等有关规定，鼓励采用无酸废油再生技术，采用新的油水分离设施或活性酶对废油进行回收利用，鼓励重点城市建设区域性的废矿物油回收设施，为所在区域的废矿物油产生者提供服务。

9.6 废日光灯管

9.6.1 各级政府应制定技术、经济政策调整产品结构，淘汰高污染日光灯管，鼓励建立废日光灯管的收集体系和资金机制。

9.6.2 加强废日光灯管产生、收集和处理处置的管理，鼓励重点城市建设区域性的废日光灯管回收处理设施，为该区域的废日光灯管的回收处理提供服务。

10 危险废物处理处置相关的技术和设备

10.1 鼓励研究开发和引进高效危险废物收集运输技术和设备。

10.2 鼓励研究开发和引进高效、实用的危险废物资源化利用技术和设备，包括危险废物分选和破碎设备、热处理设备、大件危险废物处理和利用设备、社会源危险废物处理和利用设备。

10.3 加快危险废物处理专用监测仪器设备的开发和国产化，包括焚烧设施在线烟气测试仪器等。

10.4 鼓励研究开发高效、实用的危险废物焚烧成套技术和设备，包括危险废物焚烧炉技术、危险废物焚烧污染控制技术和危险废物焚烧余热回收利用技术等。

10.5　鼓励研究和开发高效、实用的安全填埋处理关键技术和设备，包括新型填埋防渗衬层和覆盖材料、填埋专用机具、危险废物填埋场渗沥水处理技术以及危险废物填埋场封场技术。

10.6　鼓励研究与开发危险废物鉴别技术及仪器设备，鼓励危险废物管理技术和方法的研究。

10.7　鼓励研究开发废旧电池和废日光灯管的处理处置和回收利用技术。

中华人民共和国放射性污染防治法

中华人民共和国主席令

第六号

《中华人民共和国放射性污染防治法》已由中华人民共和国第十届全国人民代表大会常务委员会第三次会议于 2003 年 6 月 28 日通过，现予公布，自 2003 年 10 月 1 日起施行。

中华人民共和国主席　胡锦涛

2003 年 6 月 28 日

第一章　总　则

第一条　为了防治放射性污染，保护环境，保障人体健康，促进核能、核技术的开发与和平利用，制定本法。

第二条　本法适用于中华人民共和国领域和管辖的其他海域在核设施选址、建造、运行、退役和核技术、铀（钍）矿、伴生放射性矿开发利用过程中发生的放射性污染的防治活动。

第三条　国家对放射性污染的防治，实行预防为主、防治结合、严格管理、安全第一的方针。

第四条　国家鼓励、支持放射性污染防治的科学研究和技术开发利用，推广先进的放射性污染防治技术。

国家支持开展放射性污染防治的国际交流与合作。

第五条　县级以上人民政府应当将放射性污染防治工作纳入环境保护规划。

县级以上人民政府应当组织开展有针对性的放射性污染防治宣传教育，使公众了解放射性污染防治的有关情况和科学知识。

第六条　任何单位和个人有权对造成放射性污染的行为提出检举和控告。

第七条　在放射性污染防治工作中作出显著成绩的单位和个人，由县级以上人民政府给予奖励。

第八条　国务院环境保护行政主管部门对全国放射性污染防治工作依法实施统一监督管理。

国务院卫生行政部门和其他有关部门依据国务院规定的职责，对有关的放射性污染防治工作依法实施监督管理。

第二章　放射性污染防治的监督管理

第九条　国家放射性污染防治标准由国务院环境保护行政

主管部门根据环境安全要求、国家经济技术条　件制定。国家放射性污染防治标准由国务院环境保护行政主管部门和国务院标准化行政主管部门联合发布。

第十条　国家建立放射性污染监测制度。国务院环境保护行政主管部门会同国务院其他有关部门组织环境监测网络，对放射性污染实施监测管理。

第十一条　国务院环境保护行政主管部门和国务院其他有关部门，按照职责分工，各负其责，互通信息，密切配合，对核设施、铀（钍）矿开发利用中的放射性污染防治进行监督检查。

县级以上地方人民政府环境保护行政主管部门和同级其他有关部门，按照职责分工，各负其责，互通信息，密切配合，对本行政区域内核技术利用、伴生放射性矿开发利用中的放射性污染防治进行监督检查。

监督检查人员进行现场检查时，应当出示证件。被检查的单位必须如实反映情况，提供必要的资料。监督检查人员应当为被检查单位保守技术秘密和业务秘密。对涉及国家秘密的单位和部位进行检查时，应当遵守国家有关保守国家秘密的规定，依法办理有关审批手续。

第十二条　核设施营运单位、核技术利用单位、铀（钍）矿和伴生放射性矿开发利用单位，负责本单位放射性污染的防治，接受环境保护行政主管部门和其他有关部门的监督管理，并依法对其造成的放射性污染承担责任。

第十三条　核设施营运单位、核技术利用单位、铀（钍）

矿和伴生放射性矿开发利用单位，必须采取安全与防护措施，预防发生可能导致放射性污染的各类事故，避免放射性污染危害。

核设施营运单位、核技术利用单位、铀（钍）矿和伴生放射性矿开发利用单位，应当对其工作人员进行放射性安全教育、培训，采取有效的防护安全措施。

第十四条　国家对从事放射性污染防治的专业人员实行资格管理制度；对从事放射性污染监测工作的机构实行资质管理制度。

第十五条　运输放射性物质和含放射源的射线装置，应当采取有效措施，防止放射性污染。具体办法由国务院规定。

第十六条　放射性物质和射线装置应当设置明显的放射性标识和中文警示说明。生产、销售、使用、贮存、处置放射性物质和射线装置的场所，以及运输放射性物质和含放射源的射线装置的工具，应当设置明显的放射性标志。

第十七条　含有放射性物质的产品，应当符合国家放射性污染防治标准；不符合国家放射性污染防治标准的，不得出厂和销售。

使用伴生放射性矿渣和含有天然放射性物质的石材做建筑和装修材料，应当符合国家建筑材料放射性核素控制标准。

第三章　核设施的放射性污染防治

第十八条　核设施选址，应当进行科学论证，并按照国家有关规定办理审批手续。在办理核设施选址审批手续前，应当编制环境影响报告书，报国务院环境保护行政主管部门审查批准；未经批准，有关部门不得办理核设施选址批准文件。

第十九条 核设施营运单位在进行核设施建造、装料、运行、退役等活动前，必须按照国务院有关核设施安全监督管理的规定，申请领取核设施建造、运行许可证和办理装料、退役等审批手续。

核设施营运单位领取有关许可证或者批准文件后，方可进行相应的建造、装料、运行、退役等活动。

第二十条 核设施营运单位应当在申请领取核设施建造、运行许可证和办理退役审批手续前编制环境影响报告书，报国务院环境保护行政主管部门审查批准；未经批准，有关部门不得颁发许可证和办理批准文件。

第二十一条 与核设施相配套的放射性污染防治设施，应当与主体工程同时设计、同时施工、同时投入使用。

放射性污染防治设施应当与主体工程同时验收；验收合格的，主体工程方可投入生产或者使用。

第二十二条 进口核设施，应当符合国家放射性污染防治标准；没有相应的国家放射性污染防治标准的，采用国务院环境保护行政主管部门指定的国外有关标准。

第二十三条 核动力厂等重要核设施外围地区应当划定规划限制区。规划限制区的划定和管理办法，由国务院规定。

第二十四条 核设施营运单位应当对核设施周围环境中所

含的放射性核素的种类、浓度以及核设施流出物中的放射性核素总量实施监测，并定期向国务院环境保护行政主管部门和所在地省、自治区、直辖市人民政府环境保护行政主管部门报告监测结果。

国务院环境保护行政主管部门负责对核动力厂等重要核设施实施监督性监测，并根据需要对其他核设施的流出物实施监测。监督性监测系统的建设、运行和维护费用由财政预算安排。

第二十五条 核设施营运单位应当建立健全安全保卫制度，加强安全保卫工作，并接受公安部门的监督指导。

核设施营运单位应当按照核设施的规模和性质制定核事故场内应急计划，做好应急准备。

出现核事故应急状态时，核设施营运单位必须立即采取有效的应急措施控制事故，并向核设施主管部门和环境保护行政主管部门、卫生行政部门、公安部门以及其他有关部门报告。

第二十六条 国家建立健全核事故应急制度。

核设施主管部门、环境保护行政主管部门、卫生行政部门、公安部门以及其他有关部门，在本级人民政府的组织领导下，按照各自的职责依法做好核事故应急工作。

中国人民解放军和中国人民武装警察部队按照国务院、中央军事委员会的有关规定在核事故应急中实施有效的支援。

第二十七条 核设施营运单位应当制定核设施退役计划。

核设施的退役费用和放射性废物处置费用应当预提，列入投资概算或者生产成本。核设施的退役费用和放射性废物处置费用的提取和管理办法，由国务院财政部门、价格主管部门会同国务院环境保护行政主管部门、核设施主管部门规定。

第四章　核技术利用的放射性污染防治

第二十八条　生产、销售、使用放射性同位素和射线装置的单位，应当按照国务院有关放射性同位素与射线装置放射防护的规定申请领取许可证，办理登记手续。

转让、进口放射性同位素和射线装置的单位以及装备有放射性同位素的仪表的单位，应当按照国务院有关放射性同位素与射线装置放射防护的规定办理有关手续。

第二十九条　生产、销售、使用放射性同位素和加速器、中子发生器以及含放射源的射线装置的单位，应当在申请领取许可证前编制环境影响评价文件，报省、自治区、直辖市人民政府环境保护行政主管部门审查批准；未经批准，有关部门不得颁发许可证。

国家建立放射性同位素备案制度。具体办法由国务院规定。

第三十条　新建、改建、扩建放射工作场所的放射防护设施，应当与主体工程同时设计、同时施工、同时投入使用。

放射防护设施应当与主体工程同时验收；验收合格的，主体工程方可投入生产或者使用。

第三十一条　放射性同位素应当单独存放，不得与易燃、易爆、腐蚀性物品等一起存放，其贮存场所应当采取有效的防火、防盗、防射线泄漏的安全防护措施，并指定专人负责保管。贮存、领取、使用、归还放射性同位素时，应当进行登记、检查，做到账物相符。

第三十二条　生产、使用放射性同位素和射线装置的单位，应当按照国务院环境保护行政主管部门的规定对其产生的放射性废物进行收集、包装、贮存。

生产放射源的单位，应当按照国务院环境保护行政主管部门的规定回收和利用废旧放射源；使用放射源的单位，应当按照国务院环境保护行政主管部门的规定将废旧放射源交回生产放射源的单位或者送交专门从事放射性固体废物贮存、处置的单位。

第三十三条　生产、销售、使用、贮存放射源的单位，应当建立健全安全保卫制度，指定专人负责，落实安全责任制，制定必要的事故应急措施。发生放射源丢失、被盗和放射性污染事故时，有关单位和个人必须立即采取应急措施，并向公安部门、卫生行政部门和环境保护行政主管部门报告。

公安部门、卫生行政部门和环境保护行政主管部门接到放射源丢失、被盗和放射性污染事故报告后，应当报告本级人民政府，并按照各自的职责立即组织采取有效措施，防止放射性污染蔓延，减少事故损失。当地人民政府应当及时将有关情况告知公众，并做好事故的调查、处理工作。

第五章 铀（钍）矿和伴生放射性矿开发利用的放射性污染防治

第三十四条 开发利用或者关闭铀（钍）矿的单位，应当在申请领取采矿许可证或者办理退役审批手续前编制环境影响报告书，报国务院环境保护行政主管部门审查批准。

开发利用伴生放射性矿的单位，应当在申请领取采矿许可证前编制环境影响报告书，报省级以上人民政府环境保护行政主管部门审查批准。

第三十五条 与铀（钍）矿和伴生放射性矿开发利用建设项目相配套的放射性污染防治设施，应当与主体工程同时设计、同时施工、同时投入使用。

放射性污染防治设施应当与主体工程同时验收；验收合格的，主体工程方可投入生产或者使用。

第三十六条 铀（钍）矿开发利用单位应当对铀（钍）矿的流出物和周围的环境实施监测，并定期向国务院环境保护行政主管部门和所在地省、自治区、直辖市人民政府环境保护行政主管部门报告监测结果。

第三十七条 对铀（钍）矿和伴生放射性矿开发利用过程中产生的尾矿，应当建造尾矿库进行贮存、处置；建造的尾矿库应当符合放射性污染防治的要求。

第三十八条 铀（钍）矿开发利用单位应当制定铀（钍）矿退役计划。铀矿退役费用由国家财政预算安排。

第六章　放射性废物管理

第三十九条　核设施营运单位、核技术利用单位、铀（钍）矿和伴生放射性矿开发利用单位，应当合理选择和利用原材料，采用先进的生产工艺和设备，尽量减少放射性废物的产生量。

第四十条　向环境排放放射性废气、废液，必须符合国家放射性污染防治标准。

第四十一条　产生放射性废气、废液的单位向环境排放符合国家放射性污染防治标准的放射性废气、废液，应当向审批环境影响评价文件的环境保护行政主管部门申请放射性核素排放量，并定期报告排放计量结果。

第四十二条　产生放射性废液的单位，必须按照国家放射性污染防治标准的要求，对不得向环境排放的放射性废液进行处理或者贮存。

产生放射性废液的单位，向环境排放符合国家放射性污染防治标准的放射性废液，必须采用符合国务院环境保护行政主管部门规定的排放方式。

禁止利用渗井、渗坑、天然裂隙、溶洞或者国家禁止的其他方式排放放射性废液。

第四十三条　低、中水平放射性固体废物在符合国家规定的区域实行近地表处置。

高水平放射性固体废物实行集中的深地质处置。

α放射性固体废物依照前款规定处置。

禁止在内河水域和海洋上处置放射性固体废物。

第四十四条 国务院核设施主管部门会同国务院环境保护行政主管部门根据地质条 件和放射性固体废物处置的需要，在环境影响评价的基础上编制放射性固体废物处置场所选址规划，报国务院批准后实施。

有关地方人民政府应当根据放射性固体废物处置场所选址规划，提供放射性固体废物处置场所的建设用地，并采取有效措施支持放射性固体废物的处置。

第四十五条 产生放射性固体废物的单位，应当按照国务院环境保护行政主管部门的规定，对其产生的放射性固体废物进行处理后，送交放射性固体废物处置单位处置，并承担处置费用。

放射性固体废物处置费用收取和使用管理办法，由国务院财政部门、价格主管部门会同国务院环境保护行政主管部门规定。

第四十六条 设立专门从事放射性固体废物贮存、处置的单位，必须经国务院环境保护行政主管部门审查批准，取得许可证。具体办法由国务院规定。

禁止未经许可或者不按照许可的有关规定从事贮存和处置放射性固体废物的活动。

禁止将放射性固体废物提供或者委托给无许可证的单位贮存和处置。

第四十七条 禁止将放射性废物和被放射性污染的物品输入中华人民共和国境内或者经中华人民共和国境内转移。

第七章 法律责任

第四十八条 放射性污染防治监督管理人员违反法律规定，利用职务上的便利收受他人财物、谋取其他利益，或者玩忽职守，有下列行为之一的，依法给予行政处分；构成犯罪的，依法追究刑事责任：

（一）对不符合法定条 件的单位颁发许可证和办理批准文件的；

（二）不依法履行监督管理职责的；

（三）发现违法行为不予查处的。

第四十九条 违反本法规定，有下列行为之一的，由县级以上人民政府环境保护行政主管部门或者其他有关部门依据职权责令限期改正，可以处二万元以下罚款：

（一）不按照规定报告有关环境监测结果的；

（二）拒绝环境保护行政主管部门和其他有关部门进行现场检查，或者被检查时不如实反映情况和提供必要资料的。

第五十条 违反本法规定，未编制环境影响评价文件，或者环境影响评价文件未经环境保护行政主管部门批准，擅自进行建造、运行、生产和使用等活动的，由审批环境影响评价文件的环境保护行政主管部门责令停止违法行为，限期补办手续或者恢复原状，并处一万元以上二十万元以下罚款。

第五十一条 违反本法规定，未建造放射性污染防治设施、放射防护设施，或者防治防护设施未经验收合格，主体工程即投入生产或者使用的，由审批环境影响评价文件的环境保护行政主管部门责令停止违法行为，限期改正，并处五万元以上二十万元以下罚款。

第五十二条 违反本法规定，未经许可或者批准，核设施营运单位擅自进行核设施的建造、装料、运行、退役等活动的，由国务院环境保护行政主管部门责令停止违法行为，限期改正，并处二十万元以上五十万元以下罚款；构成犯罪的，依法追究刑事责任。

第五十三条 违反本法规定，生产、销售、使用、转让、进口、贮存放射性同位素和射线装置以及装备有放射性同位素的仪表的，由县级以上人民政府环境保护行政主管部门或者其他有关部门依据职权责令停止违法行为，限期改正；逾期不改正的，责令停产停业或者吊销许可证；有违法所得的，没收违法所得；违法所得十万元以上的，并处违法所得一倍以上五倍以下罚款；没有违法所得或者违法所得不足十万元的，并处一万元以上十万元以下罚款；构成犯罪的，依法追究刑事责任。

第五十四条 违反本法规定，有下列行为之一的，由县级以上人民政府环境保护行政主管部门责令停止违法行为，限期改正，处以罚款；构成犯罪的，依法追究刑事责任：

（一）未建造尾矿库或者不按照放射性污染防治的要求建造尾矿库，贮存、处置铀（钍）矿和伴生放射性矿的尾矿的；

（二）向环境排放不得排放的放射性废气、废液的；

（三）不按照规定的方式排放放射性废液，利用渗井、渗

坑、天然裂隙、溶洞或者国家禁止的其他方式排放放射性废液的;

(四) 不按照规定处理或者贮存不得向环境排放的放射性废液的;

(五) 将放射性固体废物提供或者委托给无许可证的单位贮存和处置的。

有前款第 (一) 项、第 (二) 项、第 (三) 项、第 (五) 项行为之一的, 处十万元以上二十万元以下罚款; 有前款第 (四) 项行为的, 处一万元以上十万元以下罚款。

第五十五条 违反本法规定, 有下列行为之一的, 由县级以上人民政府环境保护行政主管部门或者其他有关部门依据职权责令限期改正; 逾期不改正的, 责令停产停业, 并处二万元以上十万元以下罚款; 构成犯罪的, 依法追究刑事责任:

(一) 不按照规定设置放射性标识、标志、中文警示说明的;

(二) 不按照规定建立健全安全保卫制度和制定事故应急计划或者应急措施的;

(三) 不按照规定报告放射源丢失、被盗情况或者放射性污染事故的。

第五十六条 产生放射性固体废物的单位, 不按照本法第四十五条的规定对其产生的放射性固体废物进行处置的, 由审批该单位立项环境影响评价文件的环境保护行政主管部门责令停止违法行为, 限期改正; 逾期不改正的, 指定有处置能力的单位代为处置，所需费用由产生放射性固体废物的单位承担，可以并处二十万元以下罚款；构成犯罪的，依法追究刑事责任。

第五十七条 违反本法规定，有下列行为之一的，由省级以上人民政府环境保护行政主管部门责令停产停业或者吊销许可证；有违法所得的，没收违法所得；违法所得十万元以上的，并处违法所得一倍以上五倍以下罚款；没有违法所得或者违法所得不足十万元的，并处五万元以上十万元以下罚款；构成犯罪的，依法追究刑事责任：

（一）未经许可，擅自从事贮存和处置放射性固体废物活动的；

（二）不按照许可的有关规定从事贮存和处置放射性固体废物活动的。

第五十八条 向中华人民共和国境内输入放射性废物和被放射性污染的物品，或者经中华人民共和国境内转移放射性废物和被放射性污染的物品的，由海关责令退运该放射性废物和被放射性污染的物品，并处五十万元以上一百万元以下罚款；构成犯罪的，依法追究刑事责任。

第五十九条 因放射性污染造成他人损害的，应当依法承担民事责任。

第八章　附　则

第六十条 军用设施、装备的放射性污染防治，由国务院和军队的有关主管部门依照本法规定的原则和国务院、中央军事委员会规定的职责实施监督管理。

第六十一条　劳动者在职业活动中接触放射性物质造成的职业病的防治，依照《中华人民共和国职业病防治法》的规定执行。

第六十二条　本法中下列用语的含义：

（一）放射性污染，是指由于人类活动造成物料、人体、场所、环境介质表面或者内部出现超过国家标准的放射性物质或者射线。

（二）核设施，是指核动力厂（核电厂、核热电厂、核供汽供热厂等）和其他反应堆（研究堆、实验堆、临界装置等）；核燃料生产、加工、贮存和后处理设施；放射性废物的处理和处置设施等。

（三）核技术利用，是指密封放射源、非密封放射源和射线装置在医疗、工业、农业、地质调查、科学研究和教学等领域中的使用。

（四）放射性同位素，是指某种发生放射性衰变的元素中具有相同原子序数但质量不同的核素。

（五）放射源，是指除研究堆和动力堆核燃料循环范畴的材料以外，永久密封在容器中或者有严密包层并呈固态的放射性材料。

（六）射线装置，是指 X 线机、加速器、中子发生器以及含放射源的装置。

（七）伴生放射性矿，是指含有较高水平天然放射性核素浓度的非铀矿（如稀土矿和磷酸盐矿等）。

（八）放射性废物，是指含有放射性核素或者被放射性核素污染，其浓度或者比活度大于国家确定的清洁解控水平，预期不再使用的废弃物。

第六十三条　本法自 2003 年 10 月 1 日起施行。

污染地块土壤环境管理办法（试行）

中华人民共和国环境保护部令

第 42 号

《污染地块土壤环境管理办法（试行）》已于
2016 年 12 月 27 日由环境保护部部务会议审议通过，
现予公布，自 2017 年 7 月 1 日起施行。

环境保护部部长

2016 年 12 月 31 日

第一章　总　则

第一条　为了加强污染地块环境保护监督管理，防控污染
地块环境风险，根据《中华人民共和国环境保护法》等法律法
规和国务院发布的《土壤污染防治行动计划》，制定本办法。

第二条 本办法所称疑似污染地块，是指从事过有色金属冶炼、石油加工、化工、焦化、电镀、制革等行业生产经营活动，以及从事过危险废物贮存、利用、处置活动的用地。

按照国家技术规范确认超过有关土壤环境标准的疑似污染地块，称为污染地块。

本办法所称疑似污染地块和污染地块相关活动，是指对疑似污染地块开展的土壤环境初步调查活动，以及对污染地块开展的土壤环境详细调查、风险评估、风险管控、治理与修复及其效果评估等活动。

第三条 拟收回土地使用权的，已收回土地使用权的，以及用途拟变更为居住用地和商业、学校、医疗、养老机构等公共设施用地的疑似污染地块和污染地块相关活动及其环境保护监督管理，适用本办法。

不具备本条第一款情形的疑似污染地块和污染地块土壤环境管理办法另行制定。

放射性污染地块环境保护监督管理，不适用本办法。

第四条 环境保护部对全国土壤环境保护工作实施统一监督管理。

地方各级环境保护主管部门负责本行政区域内的疑似污染地块和污染地块相关活动的监督管理。

按照国家有关规定，县级环境保护主管部门被调整为设区的市级环境保护主管部门派出分局的，由设区的市级环境保护主管部门组织所属派出分局开展疑似污染地块和污染地块相关活动的监督管理。

第五条　环境保护部制定疑似污染地块和污染地块相关活动方面的环境标准和技术规范。

第六条　环境保护部组织建立全国污染地块土壤环境管理信息系统（以下简称污染地块信息系统）。

县级以上地方环境保护主管部门按照环境保护部的规定，在本行政区域内组织建设和应用污染地块信息系统。

疑似污染地块和污染地块的土地使用权人应当按照环境保护部的规定，通过污染地块信息系统，在线填报并提交疑似污染地块和污染地块相关活动信息。

县级以上环境保护主管部门应当通过污染地块信息系统，与同级城乡规划、国土资源等部门实现信息共享。

第七条　任何单位或者个人有权向环境保护主管部门举报未按照本办法规定开展疑似污染地块和污染地块相关活动的行为。

第八条　环境保护主管部门鼓励和支持社会组织，对造成土壤污染、损害社会公共利益的行为，依法提起环境公益诉讼。

第二章　各方责任

第九条　土地使用权人应当按照本办法的规定，负责开展疑似污染地块和污染地块相关活动，并对上述活动的结果负责。

第十条　按照"谁污染，谁治理"原则，造成土壤污染的单位或者个人应当承担治理与修复的主体责任。

责任主体发生变更的，由变更后继承其债权、债务的单位或者个人承担相关责任。

责任主体灭失或者责任主体不明确的，由所在地县级人民政府依法承担相关责任。

土地使用权依法转让的，由土地使用权受让人或者双方约定的责任人承担相关责任。

土地使用权终止的，由原土地使用权人对其使用该地块期间所造成的土壤污染承担相关责任。

土壤污染治理与修复实行终身责任制。

第十一条 受委托从事疑似污染地块和污染地块相关活动的专业机构，或者受委托从事治理与修复效果评估的第三方机构，应当遵守有关环境标准和技术规范，并对相关活动的调查报告、评估报告的真实性、准确性、完整性负责。

受委托从事风险管控、治理与修复的专业机构，应当遵守国家有关环境标准和技术规范，按照委托合同的约定，对风险管控、治理与修复的效果承担相应责任。

受委托从事风险管控、治理与修复的专业机构，在风险管控、治理与修复等活动中弄虚作假，造成环境污染和生态破坏，除依照有关法律法规接受处罚外，还应当依法与造成环境污染和生态破坏的其他责任者承担连带责任。

第三章 环境调查与风险评估

第十二条 县级环境保护主管部门应当根据国家有关保障

工业企业场地再开发利用环境安全的规定，会同工业和信息化、城乡规划、国土资源等部门，建立本行政区域疑似污染地块名单，并及时上传污染地块信息系统。

疑似污染地块名单实行动态更新。

第十三条 对列入疑似污染地块名单的地块，所在地县级环境保护主管部门应当书面通知土地使用权人。

土地使用权人应当自接到书面通知之日起六个月内完成土壤环境初步调查，编制调查报告，及时上传污染地块信息系统，并将调查报告主要内容通过其网站等便于公众知晓的方式向社会公开。

土壤环境初步调查应当按照国家有关环境标准和技术规范开展，调查报告应当包括地块基本信息、疑似污染地块是否为污染地块的明确结论等主要内容，并附具采样信息和检测报告。

第十四条 设区的市级环境保护主管部门根据土地使用权人提交的土壤环境初步调查报告建立污染地块名录，及时上传污染地块信息系统，同时向社会公开，并通报各污染地块所在地县级人民政府。

对列入名录的污染地块，设区的市级环境保护主管部门应当按照国家有关环境标准和技术规范，确定该污染地块的风险等级。

污染地块名录实行动态更新。

第十五条 县级以上地方环境保护主管部门应当对本行政区域具有高风险的污染地块，优先开展环境保护监督管理。

第十六条 对列入污染地块名录的地块，设区的市级环境保护主管部门应当书面通知土地使用权人。

土地使用权人应当在接到书面通知后，按照国家有关环境标准和技术规范，开展土壤环境详细调查，编制调查报告，及时上传污染地块信息系统，并将调查报告主要内容通过其网站等便于公众知晓的方式向社会公开。

土壤环境详细调查报告应当包括地块基本信息，土壤污染物的分布状况及其范围，以及对土壤、地表水、地下水、空气污染的影响情况等主要内容，并附具采样信息和检测报告。

第十七条 土地使用权人应当按照国家有关环境标准和技术规范，在污染地块土壤环境详细调查的基础上开展风险评估，编制风险评估报告，及时上传污染地块信息系统，并将评估报告主要内容通过其网站等便于公众知晓的方式向社会公开。

风险评估报告应当包括地块基本信息、应当关注的污染物、主要暴露途径、风险水平、风险管控以及治理与修复建议等主要内容。

第四章　风险管控

第十八条 污染地块土地使用权人应当根据风险评估结果，并结合污染地块相关开发利用计划，有针对性地实施风险管控。

对暂不开发利用的污染地块，实施以防止污染扩散为目的的风险管控。

对拟开发利用为居住用地和商业、学校、医疗、养老机构等公共设施用地的污染地块，实施以安全利用为目的的风险管控。

第十九条　污染地块土地使用权人应当按照国家有关环境标准和技术规范，编制风险管控方案，及时上传污染地块信息系统，同时抄送所在地县级人民政府，并将方案主要内容通过其网站等便于公众知晓的方式向社会公开。

风险管控方案应当包括管控区域、目标、主要措施、环境监测计划以及应急措施等内容。

第二十条　土地使用权人应当按照风险管控方案要求，采取以下主要措施：

（一）及时移除或者清理污染源；

（二）采取污染隔离、阻断等措施，防止污染扩散；

（三）开展土壤、地表水、地下水、空气环境监测；

（四）发现污染扩散的，及时采取有效补救措施。

第二十一条　因采取风险管控措施不当等原因，造成污染地块周边的土壤、地表水、地下水或者空气污染等突发环境事件的，土地使用权人应当及时采取环境应急措施，并向所在地县级以上环境保护主管部门和其他有关部门报告。

第二十二条　对暂不开发利用的污染地块，由所在地县级环境保护主管部门配合有关部门提出划定管控区域的建议，报同级人民政府批准后设立标识、发布公告，并组织开展土壤、地表水、地下水、空气环境监测。

第五章　治理与修复

第二十三条　对拟开发利用为居住用地和商业、学校、医疗、养老机构等公共设施用地的污染地块，经风险评估确认需要治理与修复的，土地使用权人应当开展治理与修复。

第二十四条 对需要开展治理与修复的污染地块，土地使用权人应当根据土壤环境详细调查报告、风险评估报告等，按照国家有关环境标准和技术规范，编制污染地块治理与修复工程方案，并及时上传污染地块信息系统。

土地使用权人应当在工程实施期间，将治理与修复工程方案的主要内容通过其网站等便于公众知晓的方式向社会公开。

工程方案应当包括治理与修复范围和目标、技术路线和工艺参数、二次污染防范措施等内容。

第二十五条 污染地块治理与修复期间，土地使用权人或者其委托的专业机构应当采取措施，防止对地块及其周边环境造成二次污染；治理与修复过程中产生的废水、废气和固体废物，应当按照国家有关规定进行处理或者处置，并达到国家或者地方规定的环境标准和要求。

治理与修复工程原则上应当在原址进行；确需转运污染土壤的，土地使用权人或者其委托的专业机构应当将运输时间、方式、线路和污染土壤数量、去向、最终处置措施等，提前五个工作日向所在地和接收地设区的市级环境保护主管部门报告。

修复后的土壤再利用应当符合国家或者地方有关规定和标准要求。

治理与修复期间，土地使用权人或者其委托的专业机构应当设立公告牌和警示标识，公开工程基本情况、环境影响及其防范措施等。

第二十六条　治理与修复工程完工后，土地使用权人应当委托第三方机构按照国家有关环境标准和技术规范，开展治理与修复效果评估，编制治理与修复效果评估报告，及时上传污染地块信息系统，并通过其网站等便于公众知晓的方式公开，公开时间不得少于两个月。

治理与修复效果评估报告应当包括治理与修复工程概况、环境保护措施落实情况、治理与修复效果监测结果、评估结论及后续监测建议等内容。

第二十七条　污染地块未经治理与修复，或者经治理与修复但未达到相关规划用地土壤环境质量要求的，有关环境保护主管部门不予批准选址涉及该污染地块的建设项目环境影响报告书或者报告表。

第二十八条　县级以上环境保护主管部门应当会同城乡规划、国土资源等部门，建立和完善污染地块信息沟通机制，对污染地块的开发利用实行联动监管。

污染地块经治理与修复，并符合相应规划用地土壤环境质量要求后，可以进入用地程序。

第六章　监督管理

第二十九条　县级以上环境保护主管部门及其委托的环境监察机构，有权对本行政区域内的疑似污染地块和污染地块相关活动进行现场检查。被检查单位应当予以配合，如实反映情况，提供必要的资料。实施现场检查的部门、机构及其工作人员应当为被检查单位保守商业秘密。

第三十条　县级以上环境保护主管部门对疑似污染地块和污染地块相关活动进行监督检查时，有权采取下列措施：

（一）向被检查单位调查、了解疑似污染地块和污染地块的有关情况；

（二）进入被检查单位进行现场核查或者监测；

（三）查阅、复制相关文件、记录以及其他有关资料；

（四）要求被检查单位提交有关情况说明。

第三十一条　设区的市级环境保护主管部门应当于每年的 12 月 31 日前，将本年度本行政区域的污染地块环境管理工作情况报省级环境保护主管部门。

省级环境保护主管部门应当于每年的 1 月 31 日前，将上一年度本行政区域的污染地块环境管理工作情况报环境保护部。

第三十二条　违反本办法规定，受委托的专业机构在编制土壤环境初步调查报告、土壤环境详细调查报告、风险评估报告、风险管控方案、治理与修复方案过程中，或者受委托的第三方机构在编制治理与修复效果评估报告过程中，不负责任或者弄虚作假致使报告失实的，由县级以上环境保护主管部门将该机构失信情况记入其环境信用记录，并通过企业信用信息公示系统向社会公开。

第七章　附　则

第三十三条　本办法自 2017 年 7 月 1 日起施行。

国家生态建设示范区管理规程

环境保护部关于印发《国家生态建设
示范区管理规程》的通知

环发〔2012〕48 号

各省、自治区、直辖市环境保护厅（局），新疆生产建
设兵团环境保护局：

为推进生态文明建设，进一步规范国家生态建设
示范区创建工作，我部制定了《国家生态建设示范区
管理规程》。现印发给你们，请结合实际，抓好落实。

环境保护部

2012 年 4 月 30 日

第一章　总　则

第一条　为推进生态文明建设，进一步规范国家生态建设

示范区创建工作，促进国家生态建设示范区建设规划、申报、评估、验收、公告及监督管理等工作科学化、规范化、制度化，制定本规程。

第二条　国家生态建设示范区包括生态省、生态市、生态县（市、区）、生态乡镇、生态村和生态工业园区。

本规程适用于生态市、生态县（市、区）管理，生态省管理参照执行。国家生态乡镇管理按照《关于印发〈国家级生态乡镇申报及管理规定（试行）〉的通知》（环发〔2010〕75号）执行。国家生态村管理按照《关于印发〈国家级生态村创建标准（试行）〉的通知》（环发〔2006〕192号）执行。国家生态工业园区管理按照《关于印发〈国家生态工业示范园区管理办法（试行）〉的通知》（环发〔2007〕188号）执行。

第三条　环境保护部鼓励地方开展国家生态建设示范区创建工作。创建工作坚持国家指导，分级管理；因地制宜，突出特色；政府组织，群众参与；重在建设、注重实效的原则。

对积极开展国家生态建设示范区创建，达到相应标准并通过考核验收，在全国生态环境保护与建设方面发挥示范作用的市、县，环境保护部授予相应的国家生态建设示范区称号。

第二章　申报和规划

第四条　各市、县（含县级市）均可申报创建生态建设示范区。具备下列条件之一的直辖市或设区的市所属的区，可以申报创建国家生态建设示范区：

（一）辖区内含建制镇（涉农街道）、建制村；

（二）生态功能用地生态功能用地是指辖区内农用地面积与生态用地面积之和。生态用地包括自然保护区、饮用水源保护区、重要水源涵养区、风景名胜区、森林公园、城市绿化用地、基本草原、生态公益林、主干河流、水库、湿地、荒漠以及其他需要生态保护的区域。农用地指直接用于农业生产的土地，包括耕地、林地、草地、农田水利用地、养殖水面等。上述面积不得重复计算。占辖区国土面积的比例≥50%。

第五条 环境保护部制定、发布国家生态市、生态县（市、区）建设规划编制指南。

开展国家生态市或生态县（市、区）创建的地方（以下简称"创建地区"）人民政府，应当按照编制指南，组织编制国家生态市、生态县（市、区）建设规划。

第六条 国家生态市、生态县（市、区）建设规划应当符合本行政区域国民经济与社会发展规划，并与相关部门的专项规划相衔接。

第七条 国家生态市建设规划由环境保护部组织论证；国家生态县（市、区）建设规划由环境保护部委托创建地区所在地省级环境保护主管部门组织论证。

国家生态市、生态县（市、区）建设规划通过论证后，当地环境保护主管部门可以建议本级人民政府将建设规划草案提请同级人民代表大会或其常务委员会审议后颁布实施。

在国家生态市、生态县（市、区）建设规划颁布实施后3个月内，创建地区人民政府应将建设规划报所在地省级环境保护主管部门和环境保护部备案。

第八条 创建地区人民政府应当设立专门的组织机构，建立监督考核和长效管理机制。

第九条 创建地区人民政府应当依据建设规划，制定国家生态建设示范区创建工作实施方案和年度工作计划，将工作任务分解落实到部门、行政区和责任人，明确工作进度，落实专项资金。

第十条 创建地区人民政府应当每年总结国家生态市、生态县（市、区）创建工作进展，包括项目实施、经费落实、建设成效等情况，并于次年3月1日前报送省级环境保护主管部门。

第十一条 创建地区人民政府应当加强档案管理，收集、整理和归档国家生态市、生态县（市、区）创建工作的相关资料和工作总结，作为技术评估、考核验收和复核的重要依据。

第十二条 创建地区人民政府应当自国家生态市、生态县（市、区）建设规划批准之日起，在政府门户网站及时发布或定期更新以下信息：

（一）国家生态市或生态县（市、区）建设规划；

（二）国家生态市或生态县（市、区）创建工作实施方案；

（三）国家生态市或生态县（市、区）创建年度工作计划；

（四）国家生态市或生态县（市、区）创建年度工作总结；

（五）国家生态市或生态县（市、区）创建工作动态。

第三章　技术评估

第十三条 符合下列条件的创建地区，可以向省级环境保护主管部门申请技术评估：

（一）生态市建设规划经批准后实施4年（含）以上，或生态县（市、区）建设规划经批准后实施2年（含）以上的；

（二）获省级生态市或生态县（市、区）称号1年以上的；

（三）设市城市（包括县级市）通过国家环保模范城市考核并获称号的；

（四）经自查达到国家生态建设示范区各项标准。

第十四条 创建地区申请技术评估时，应当提交下列材料：

（一）技术评估申请书；

（二）国家生态市或生态县（市、区）建设规划；

（三）国家生态市或生态县（市、区）创建工作实施方案、年度工作计划、年度工作总结；

（四）省级生态市或生态县（市、区）命名文件；

（五）国家生态市或生态县（市、区）创建工作报告；

（六）国家生态市或生态县（市、区）创建技术报告；

（七）国家生态市或生态县（市、区）规划实施情况评估报告；

（八）地方近3年年度环境质量报告（公报）、统计年鉴和突发环境事件统计分析报告。

第十五条 省级环境保护主管部门收到创建地区人民政府提交的申请书后，应当按照环境保护部《生态县、生态市、生态省建设指标（修订稿）》（环发〔2007〕195号），及时进行预审；预审合格后，向环境保护部提交技术评估申请及相关附件。

　　环境保护部收到申请后，应当于 1 个月内组织进行初步审查。对经初步审查合格的创建地区，环境保护部应当于 6 个月内开展技术评估。

　　第十六条　技术评估组由环境保护部和省级环境保护主管部门相关人员及有关专家组成。

　　技术评估的主要工作内容包括：

　　（一）听取创建地区的工作汇报；

　　（二）评估国家生态市或生态县（市、区）建设规划实施情况；

　　（三）审核国家生态市或生态县（市、区）基本条件和建设指标完成情况；

　　（四）审核区域生态环境监察情况；

　　（五）检查国家生态市或生态县（市、区）创建工作的档案资料；

　　（六）开展现场考察；

　　（七）开展民意调查；

　　（八）形成并通报技术评估意见。

　　第十七条　创建地区人民政府应当在技术评估组抵达前 3 天，在主要媒体上向社会公布技术评估组工作时间、联系方式、举报电话和信箱等相关信息。

　　第十八条　技术评估的现场考察采取随机抽查的方式进行。抽查线路及内容由技术评估组确定。

　　第十九条　环境保护部应当在技术评估结束后 15 个工作日内，向省级环境保护主管部门和创建地区反馈书面评估意见；

发现问题的，应当要求创建地区进行整改。

创建地区人民政府应当按照评估意见和环境保护部的要求，及时进行整改，并提交整改报告。

第四章　考核验收

第二十条　技术评估合格，或已按照环境保护部的要求对发现的问题进行整改的创建地区，可以向省级环境保护主管部门申请考核验收。

第二十一条　省级环境保护主管部门收到创建地区人民政府提交的考核验收申请和整改报告后，应当及时进行预审，提出预审意见；预审合格后，向环境保护部提交考核验收申请及相关附件。

第二十二条　环境保护部收到申请后，应当于1个月内，组织对创建地区提交的整改报告以及其他国家生态市、生态县（市、区）建设指标落实情况进行初步审查。对经初步审查合格的创建地区，环境保护部应当于3个月内开展考核验收。

第二十三条　考核验收组由环境保护部和省级环境保护行政主管部门相关人员及有关专家组成。

考核验收主要工作内容包括：

（一）听取创建工作及整改情况汇报；

（二）检查评估和整改意见的落实情况；

（三）开展现场考察；

（四）形成并通报考核验收意见。

第五章　公示公告

第二十四条　对通过考核验收、拟授予国家生态建设示范区称号的地区，环境保护部在政府网站及中国环境报上予以公示。公示期为 7 个工作日。

公众可以通过登陆政府网站、来信来访、"12369"环保举报热线等方式反映公示地区存在的问题。

对公示期间收到的投诉和举报问题，环境保护部应当进行现场调查，也可以委托省级环境保护主管部门进行现场调查。

第二十五条　公示期间未收到投诉和举报，或投诉和举报问题经调查核实、整改完善的地区，环境保护部按程序审议通过后发布公告，授予创建地区国家生态市或生态县（市、区）称号。

第六章　监督管理

第二十六条　获得国家生态市或生态县（市、区）称号的地区应当在每年 3 月 1 日前，向省级环境保护主管部门报送后续工作年度报告。

省级环境保护主管部门应当每两年向环境保护部报送本地区国家生态建设示范区后续工作汇总报告。

第二十七条　环境保护部对已经获得称号的国家生态市或生态县（市、区）实行动态监督管理，并根据情况进行抽查。

对抽查中发现问题的，环境保护部应当要求当地人民政府在 6 个月内完成整改，并将整改结果报送环境保护部审查；未通过环境保护部审查的，环境保护部应当撤销其国家生态市或生态县（市、区）称号。

第二十八条 已经获得国家生态市或生态县（市、区）称号的地区发生行政区划变更、重组、撤销、分立或合并等情形的，国家生态市或生态县（市、区）称号自行终止。

第二十九条 国家生态市或生态县（市、区）称号每 5 年复核一次。

已经获得国家生态市或生态县（市、区）称号地区的人民政府，应当按照以下程序申请复核：

（一）向省级环境保护主管部门提交复核申请；

（二）省级环境保护主管部门进行初核；

（三）省级环境保护主管部门向环境保护部提交复核申请和初核意见。

第三十条 环境保护部自收到复核申请之日起 6 个月内，按照以下要求组织复核：

（一）听取地方人民政府工作汇报。

（二）检查国家生态市或生态县（市、区）指标达标情况。如考核指标或考核标准发生调整，按调整后指标进行复核。

（三）向省级环境保护主管部门和地方人民政府通报复核意见。

第三十一条 环境保护部对复核合格的地区，经公示和审议程序，将其国家生态市或生态县（市、区）称号延续 5 年。

第三十二条 对出现以下（一）至（六）情形之一的创建地区，环境保护部应当终止其国家生态市或生态县（市、区）审查；对出现以下情形之一的、已获得国家生态市、生态县（市、区）称号的地区，环境保护部应当撤销其国家生态市或生态县（市、区）称号，并暂停该地区申报资格两年：

（一）发生重、特大突发环境事件或生态破坏事件的；

（二）发生由环境保护部通报的重大违反环境保护法律法规案件的；

（三）年度主要污染物总量减排指标未完成的；

（四）环境质量出现明显下降或未完成环境质量目标的；

（五）在国家生态市或生态县（市、区）创建、技术评估、考核验收过程中存在弄虚作假行为的；

（六）违法违规影响技术评估和考核验收结果科学性、客观性和公正性的；

（七）复核过程中存在弄虚作假行为的；

（八）未按期办理复核或未通过复核的；

（九）国家环境保护模范城市未通过复核或国家环境保护模范城市（区）称号被撤销的。

第三十三条 环境保护部建立国家生态市、生态县（市、区）技术专家库。专家采用个人申请和单位推荐相结合的办法，经环境保护部遴选纳入专家库。专家库实行动态管理，适时更新。

第三十四条 参与国家生态市、生态县（市、区）管理的工作人员和专家，在国家生态市或生态县（市、区）技术评估、考核验收等工作中，必须严格落实廉洁要求和责任，坚持科学、务实、高效的工作作风，严格遵守相关工作程序和规范；构成违法行为或犯罪的，依法追究法律责任。

第七章　附　则

第三十五条　本规程由环境保护部负责解释。

第三十六条　本规程自发布之日起施行。

附 录

国家生态工业示范园区管理办法

环境保护部 商务部 科技部关于印发
《国家生态工业示范园区管理办法》的通知
环发〔2015〕167号

各省、自治区、直辖市及新疆生产建设兵团环保厅
（局）、商务厅和科技厅，各国家级经济技术开发区、国
家高新技术产业开发区、国家生态工业示范园区：

为进一步规范国家生态工业示范园区的申报、创
建、验收、命名、监督等管理工作，环境保护部、商
务部、科学技术部联合组织修订了《国家生态工业示
范园区管理办法》。现印发给你们，请参照执行。《国
家生态工业示范园区管理办法（试行）》 （环发
〔2007〕188号）同时废止。

中华人民共和国环境保护部
中华人民共和国商务部
中华人民共和国科技部
2015年12月16日

第一章 总 则

第一条 为贯彻落实《中华人民共和国环境保护法》《中华人民共和国循环经济促进法》和《中华人民共和国清洁生产促进法》等法律法规和《中共中央 国务院关于加快推进生态文明建设的意见》，促进工业领域生态文明建设，推动工业园区实行生态工业生产组织方式和发展模式，促进工业园区绿色、低碳、循环发展，规范国家生态工业示范园区建设管理工作，制定本办法。

第二条 本办法所称生态工业是指综合运用技术、经济和管理等措施，将生产过程中剩余和产生的能量和物料，传递给其他生产过程使用，形成企业内或企业间的能量和物料高效传输与利用的协作链网，从而在总体上提高整个生产过程的资源和能源利用效率、降低废物和污染物产生量的工业生产组织方式和发展模式。

第三条 本办法所称国家生态工业示范园区是指依据循环经济理念、工业生态学原理和清洁生产要求，符合《国家生态工业示范园区标准》（以下简称《标准》）和其他相关要求，并按规定程序通过审查，被授予相应称号的新型工业园区。

第四条 本办法适用于国家生态工业示范园区的申报、创建、验收、命名、监督等管理工作。

省级生态工业园区创建活动可参照本办法执行。

第五条 国家生态工业示范园区建设协调领导小组（以下简称：领导小组）由环境保护部、商务部和科学技术部组成。

领导小组负责国家生态工业示范园区（以下简称：示范园区）的批准建设、命名和综合协调工作。

领导小组下设办公室（以下简称：办公室），由环境保护部科技标准司、商务部外国投资管理司和科学技术部高新技术发展及产业化司组成，办公室设在环境保护部科技标准司，负责示范园区建设管理工作。适时召开领导小组工作会议，定期召开办公室年度工作会议。

各省、自治区、直辖市环保、商务和科技行政主管部门按职责分工，负责辖区内示范园区的建设和管理工作。

第二章 申报与创建

第六条 本办法所指示范园区是具有法定边界和明确的区域范围，具备统一的区域管理机构或服务机构（以下统称：园区管理机构），由省级以上人民政府批准成立的各类工业园区。

商务、科技等国家行政主管部门管理的各类工业园区创建和申报示范园区，应分别符合相应部门的管理要求。

园区管理机构负责示范园区的申报、创建和管理工作。

第七条 示范园区的创建活动实行自愿申报、自主创建、注重过程、注重实效的原则。

重点推进国家级经济技术开发区、国家高新技术产业开发区、发展水平较高的省级工业园区或其他特色园区，积极开展示范园区创建活动。

第八条 开展创建活动的工业园区应编制国家生态工业示范园区建设规划和技术报告（以下统称"建设规划"）。建设规划应参照《生态工业园区建设规划编制指南》（HJ/T409-2007）编写。园区管理机构可自行或委托第三方机构编制建设规划。建设规划应对照《标准》明确园区验收考核指标，以及重点支撑项目。

所有考核指标所需基础数据，在建设规划中注明数据合法来源，基础数据在建设规划论证时备查并作为验收依据存档。

第九条 拟开展示范园区创建工作的工业园区，向园区所在地省级环境保护、商务、科技行政主管部门提交示范园区创建申请，经三部门同意后，由省级环境保护行政主管部门报办公室，创建申请材料一式三份，包括：

（一）园区创建推荐书。

（二）园区管理机构出具的示范园区创建申请。

（三）园区管理机构出具的环境守法承诺书。

主要内容包括：一是承诺有效贯彻执行了国家和地方有关环境保护的法律、法规、制度及各项政策，未发生严重污染环境事件，或重、特大突发环境事件；二是承诺重点污染源稳定排放达标；三是承诺所有企业完成国家或地方重点污染物总量控制指标；四是承诺具有完善的环境风险管理制度和环境应急保障措施。承诺时间段为申请创建之日前3年内。

（四）工业园区规划环境影响评价完成情况证明：提交符合工业园区规划范围的规划环境影响报告书和审查意见。对于申请时规划范围的规划环评已经超过5年的，应提交跟踪评价的相关文件。

（五）示范园区建设规划和技术报告。

第十条　办公室每半年集中组织开展示范园区建设规划的专家论证工作。

第十一条　示范园区建设规划通过论证后，领导小组成员单位联合发文批准工业园区开展示范园区建设。

通过论证的建设规划原则上应由工业园区所在地人民政府审议后颁布实施。建设规划未通过论证的园区管理机构可对建设规划修改完善后重新申请论证。

第十二条　在创建工作中，建设规划内容发生重大调整的，管理机构应及时做出调整说明，并通过所在地省级环境保护行政主管部门向办公室报告。办公室认为有必要的，可要求工业园区停止创建工作，并重新申请论证。

需要说明并报备的建设规划调整情况包括：

（一）建设规划指标及预期指标值调整；

（二）建设规划重点支撑项目调整（项目内容、建设期限、投资方式等）；

（三）园区管理机构调整（机构性质、管辖范围等）。

第十三条　园区管理机构应加强档案管理，创建工作相关资料将作为技术核查、考核验收和复查的基本依据。

第三章　验收与命名

第十四条　按照建设规划完成创建工作，符合本办法各项要求，达到《标准》和《建设规划》目标的工业园区，由园区管理机构按要求编制示范园区验收申请材料，报省级环境保护行政主管部门审查通过后，向办公室提出验收申请。

省级环境保护行政主管部门应征求省级商务、科技等行政主管部门的意见。

第十五条 对符合要求的申请，办公室于接到申请之日起30个工作日内组织核查组到工业园区进行技术核查。核查内容为：

（一）示范园区批准建设以来是否发生严重污染环境事件，或重、特大突发环境事件；

（二）评价指标数据支撑材料是否全面、完整、真实；

（三）指标计算方法正确性和结果的准确性；

（四）示范园区创建重点支撑项目的真实性与运行有效性；

（五）年度评价报告内容、数据与验收申请材料的一致性；

（六）已报备的建设规划调整说明的合理性。

第十六条 办公室在技术核查结束后向工业园区反馈核查意见；对技术核查中发现的问题，工业园区应立即整改，整改到位后向办公室提交整改后的验收材料以及对整改内容的说明。

办公室在60个工作日内组织专家组对通过技术核查的工业园区进行验收。工业园区所在地环保、商务和科技行政主管部门参与验收工作。

对于建设成效较为突出且验收材料准备较完善的工业园区，可将技术核查与验收合并开展。

第十七条 验收工作结束后，办公室在环境保护部政府网站等媒体公示通过验收、拟命名的工业园区相关信息，同时公布举报电话和邮箱，接受社会公众监督。公示时间为15个自然日。

公示期间若收到与示范园区创建相关举报信息，由办公室委托省级环境保护行政主管部门会同相关部门调查核实。经核实，举报信息属实且导致示范园区建设验收结果不能成立的，不予命名。

第十八条 办公室将公示结果无异议的工业园区名单及相关材料报领导小组审批。通过审批的工业园区，由领导小组成员单位联合发文予以命名。

获得命名的工业园区按规范的规格样式自行制作标牌。

第十九条 未通过第十五条、第十六条、第十七条规定审查的工业园区，园区管理机构应认真整改后按照第十四条规定向办公室重新申请验收。自获得批准建设起满5年没有通过验收的工业园区视为创建未完成，不再列入建设园区名单。如继续创建，应按照本办法第二章要求重新申请创建。

第四章　监督与管理

第二十条 获得命名的工业园区应采取有效措施，在建设和发展过程中，保持生态工业发展水平，保证评价指标数据统计、分析体系正常运行。

获批开展示范园区建设和获得命名的工业园区每年应对生态工业建设绩效进行自评价，形成年度评价报告，于次年5月底前报送办公室。年度评价报告中应按本办法和《标准》中的各项要求填写对照考核表。

第二十一条 自获得示范园区命名之日起，每3年开展一次复查。复查采取抽查方式，由办公室组织实施，提出拟复查名单并发布。

第二十二条 复查工作主要包括：

（一）听取园区管理机构对示范园区建设工作汇报；

（二）审核示范园区建设达标情况；

（三）检查示范园区建设工作的档案资料；

（四）现场评估，对重点企业和重点内容进行现场走访，核实相关数据和情况；

（五）形成并通报复查意见。

第二十三条 复查结果由办公室统一发布。对通过复查的示范园区，予以确认；未通过复查的，限期整改。

第二十四条 领导小组对有以下情况的示范园区撤销称号；处于建设阶段的园区，从批准建设园区中除名。出现下列（一）和（二）情形的，3年内不得再次申请创建。

（一）发生严重污染环境事件，或重、特大突发环境事件的；

（二）存在数据、资料弄虚作假的；

（三）复查未通过，且整改后仍达不到要求的；

（四）不能按时按要求提交年度评价报告的；

（五）发生重大变化，不再符合《标准》及相关要求，园区管理机构主动提出申请的；

（六）其他经核实并认定有必要的。

第二十五条 园区管理机构应指定或专门设立职能部门承担示范园区创建、申报和示范阶段的相关工作，形成长效机制，确保示范园区稳定运行。

第二十六条　办公室向社会公众公开示范园区名单和获批开展示范园区建设的工业园区名单、基本信息、论证结果、验收结果、年度评价报告、示范园区撤销通报以及相关信息动态等。

获批开展示范园区建设的工业园区应向社会公众公开建设目标、任务、内容、进展及成效，污染减排成效和环境质量改善状况等相关信息。同时积极配合环保、商务和科技等三部门推广园区创建的成功经验和有益做法，发布相关数据和信息；积极参加相关培训、交流、产业对接活动，加强园区间的交流、合作和互鉴。

第五章　其他事项

第二十七条　办公室负责征集、遴选专家，组建示范园区工作专家库。专家库实行动态管理，适时更新，为示范园区的建设和管理工作提供技术支持。办公室成员单位可推荐有关专家充实到专家库，推动专家组成更加多元化。

专家应认真履责，严格把关，并提出建设性意见。来自承担工业园区第三方机构的专家应回避该园区的各项论证检查工作。

第二十八条　领导小组成员单位探索建立和完善促进园区生态化发展的激励机制和政策体系。鼓励批准建设的园区探索购买第三方服务为园区验收、复查和监督管理工作提供技术支撑。

第二十九条　第三方机构在相关技术咨询工作中对数据、

资料弄虚作假的，在环境保护部网站公开该机构名称，且该机构 3 年内不得参与示范园区相关技术咨询服务工作。

第三十条 办公室工作人员和相关专家在示范园区管理过程中，应廉洁自律，遵守廉政相关规定。

第三十一条 办公室开展示范园区管理工作所需经费纳入财政预算，并按相关规定管理。

第三十二条 各级地方人民政府有关部门及环境保护行政主管部门应出台具有针对性的扶持政策，对处于建设阶段的工业园区和已命名的示范园区建设污染防治基础设施、资源能源综合利用项目、生态工业链项目等优先审批立项，并设立专项基金给予补贴或实施税收优惠。加大示范园区科技创新扶持力度，鼓励建立有利于循环经济、节能环保产业发展等方面技术创新平台。

第六章　附　则

第三十三条 本办法自发布之日起实施，原办法废止。

电磁辐射环境保护管理办法

（1997年3月25日以国家环保局令第十八号发布）

第一章 总 则

第一条 为加强电磁辐射环境保护工作的管理，有效地保护环境，保障公众健康，根据《中华人民共和国环境保护法》及有关规定，制定本办法。

第二条 本办法所称电磁辐射是指以电磁波形式通过空间传播的能量流，且限于非电离辐射，包括信息传递中的电磁波发射，工业、科学、医疗应用中的电磁辐射，高压送变电中产生的电磁辐射。

任何从事前款所列电磁辐射的活动，或进行伴有该电磁辐射的活动的单位和个人，都必须遵守本办法的规定。

第三条 县级以上人民政府环境保护行政主管部门对本辖区电磁辐射环境保护工作实施统一监督管理。

第四条 从事电磁辐射活动的单位主管部门负责本系统、本行业电磁辐射环境保护工作的监督管理工作。

第五条 任何单位和个人对违反本管理办法的行为有权检举和控告。

第二章 监督管理

第六条 国务院环境保护行政主管部门负责下列建设项目环境保护申报登记和环境影响报告书的审批，负责对该类项目执行环境保护设施与主体工程同时设计、同时施工、同时投产使用（以下简称"三同时"制度）的情况进行检查并负责该类项目的竣工验收：

（一）总功率在 200 千瓦以上的电视发射塔；

（二）总功率在 1000 千瓦以上的广播台、站；

（三）跨省级行政区电磁辐射建设项目；

（四）国家规定的限额以上电磁辐射建设项目。

第七条 省、自治区、直辖市（以下简称"省级"）环境保护行政主管部门负责除第六条规定所列项目以外、豁免水平以上的电磁辐射建设项目和设备的环境保护申报登记和环境影响报告书的审批；负责对该类项目和设备执行环境保护设施"三同时"制度的情况进行检查并负责竣工验收；参与辖区内由国务院环境保护行政主管部门负责的环境影响报告书的审批、环境保护设施"三同时"制度执行情况的检查和项目竣工验收以及项目建成后对环境影响的监督检查；负责辖区内电磁辐射环境保护管理队伍的建设；负责对辖区内因电磁辐射活动造成的环境影响实施监督管理和监督性监测。

第八条 市级环境保护行政主管部门根据省级环境保护行政主管部门的委托，可承担第七条所列全部或部分任务及本辖区内电磁辐射项目和设备的监督性监测和日常监督管理。

第九条 从事电磁辐射活动的单位主管部门应督促其下属单位遵守国家环境保护规定和标准，加强对所属各单位的电磁辐射环境保护工作的领导，负责电磁辐射建设项目和设备环境影响报告书（表）的预审。

第十条 任何单位和个人在从事电磁辐射的活动时，都应当遵守并执行国家环境保护的方针政策、法规、制度和标准，接受环境保护部门对其电磁辐射环境保护工作的监督管理和检查；做好电磁辐射活动污染环境的防治工作。

第十一条 从事电磁辐射活动的单位和个人建设或者使用《电磁辐射建设项目和设备名录》（见附件）中所列的电磁辐射建设项目或者设备，必须在建设项目申请立项前或者在购置设备前，按本办法的规定，向有环境影响报告书（表）审批权的环境保护行政主管部门办理环境保护申报登记手续。

有审批权的环境保护行政主管部门受理环境保护申报登记后，应当将受理的书面意见在 30 日内通知从事电磁辐射活动的单位或个人，并将受理意见抄送有关主管部门和项目所在地环境保护行政主管部门。

第十二条 有审批权的环境保护行政主管部门应根据申报

的电磁辐射建设项目所在地城市发展规划、电磁辐射建设项目和设备的规模及所在区域环境保护要求，对环境保护申报登记作出以下处理意见：

（一）对污染严重、工艺设备落后、资源浪费和生态破坏严重的电磁辐射建设项目与设备，禁止建设或者购置；

（二）对符合城市发展规划要求、豁免水平以上的电磁辐射建设项目，要求从事电磁辐射活动的单位或个人履行环境影响报告书审批手续；

（三）对有关工业、科学、医疗应用中的电磁辐射设备，要求从事电磁辐射活动的单位或个人履行环境影响报告表审批手续。

第十三条 省级环境保护行政主管部门根据国家有关电磁辐射防护标准的规定，负责确认电磁辐射建设项目和设备豁免水平。

第十四条 本办法施行前，已建成或在建的尚未履行环境保护申报登记手续的电磁辐射建设项目，或者已购置但尚未履行环境保护申报登记手续的电磁辐射设备，凡列入《电磁辐射建设项目和设备名录》中的，都必须补办环境保护申报登记手续。对不符合环境保护标准，污染严重的，要采取补救措施，难以补救的要依法关闭或搬迁。

第十五条 按规定必须编制环境影响报告书（表）的，从事电磁辐射活动的单位或个人，必须对电磁辐射活动可能造成的环境影响进行评价，编制环境影响报告书（表），并按规定的程序报相应环境保护行政主管部门审批。

电磁辐射环境影响报告书分两个阶段编制。第一阶段编制《可行性阶段环境影响报告书》，必须在建设项目立项前完成。第二阶段编制《实际运行阶段环境影响报告书》，必须在环境保护设施竣工验收前完成。

工业、科学、医疗应用中的电磁辐射设备，必须在使用前完成环境影响报告表的编写。

第十六条 从事电磁辐射活动的单位主管部门应当对环境影响报告书（表）提出预审意见；有审批权的环境保护行政主管部门在收到环境影响报告书（表）和主管部门的预审意见之日起180日内，对环境影响报告书（表）提出审批意见或要求，逾期不提出审批意见或要求的，视该环境影响报告书（表）已被批准。

凡是已通过环境影响报告书（表）审批的电磁辐射设备，不得擅自改变经批准的功率。确需改变经批准的功率的，应重新编制电磁辐射环境影响报告书（表），并按规定程序报原审批部门重新审批。

第十七条 从事电磁辐射环境影响评价的单位，必须持有相应的专业评价资格证书。

第十八条 电磁辐射建设项目和设备环境影响报告书（表）确定需要配套建设的防治电磁辐射污染环境的保护设施，必须严格执行环境保护设施"三同时"制度。

第十九条 从事电磁辐射活动的单位和个人必须遵守国家有关环境保护设施竣工验收管理的规定，在电磁辐射建设项目和设备正式投入生产和使用前，向原审批环境影响报告书（表）的环境保护行政主管部门提出环境保护设施竣工验收申请，并按规定提交验收申请报告及第十五条要求的两个阶段的环境影响报告书等有关资料。验收合格的，由环境保护行政主管部门批准验收申请报告，并颁发《电磁辐射环境验收合格证》。

第二十条 从事电磁辐射活动的单位和个人必须定期检查电磁辐射设备及其环境保护设施的性能，及时发现隐患并及时采取补救措施。

在集中使用大型电磁辐射发射设施或高频设备的周围，按环境保护和城市规划要求划定的规划限制区内，不得修建居民住房和幼儿园等敏感建筑。

第二十一条 电磁辐射环境监测的主要任务是：

（一）对环境中电磁辐射水平进行监测；

（二）对污染源进行监督性监测；

（三）对环境保护设施竣工验收的各环境保护设施进行监测；

（四）为编制电磁辐射环境影响报告书（表）和编写环境质量报告书提供有关监测资料；

（五）为征收排污费或处理电磁辐射污染环境案件提供监测数据，进行其他有关电磁辐射环境保护的监测。

第二十二条 电磁辐射建设项目的发射设备必须严格按照国家无线电管理委员会批准的频率范围和额定功率运行。

工业、科学和医疗中应用的电磁辐射设备，必须满足国家及有关部门颁布的"无线电干扰限值"的要求。

第三章　污染事件处理

第二十三条　因发生事故或其他突然性事件，造成或者可能造成电磁辐射污染事故的单位，必须立即采取措施，及时通报可能受到电磁辐射污染危害的单位和居民，并向当地环境保护行政主管部门和有关部门报告，接受调查处理。

环保部门收到电磁辐射污染环境的报告后，应当进行调查，依法责令产生电磁辐射的单位采取措施，消除影响。

第二十四条　发生电磁辐射污染事件，影响公众的生产或生活质量或对公众健康造成不利影响时，环境保护部门应会同有关部门调查处理。

第四章　奖励与惩罚

第二十五条　对有下列情况之一的单位和个人，由环境保护行政主管部门给予表扬和奖励：

（一）在电磁辐射环境保护管理工作中有突出贡献的；

（二）对严格遵守本管理办法，减少电磁辐射对环境污染有突出贡献的；

（三）对研究、开发和推广电磁辐射污染防治技术有突出贡献的。

对举报严重违反本管理办法的，经查属实，给予举报者奖励。

第二十六条　对违反本办法，有下列行为之一的，由环境保护行政主管部门依照国家有关建设项目环境保护管理的规定，责令其限期改正，并处罚款：

（一）不按规定办理环境保护申报登记手续，或在申报登记时弄虚作假的；

（二）不按规定进行环境影响评价、编制环境影响报告书（表）的；

（三）拒绝环保部门现场检查或在被检查时弄虚作假的。

第二十七条　违反本办法规定擅自改变环境影响报告书（表）中所批准的电磁辐射设备的功率的，由审批环境影响报告书（表）的环境保护行政主管部门依法处以1万元以下的罚款，有违法所得的，处违法所得3倍以下的罚款，但最高不超过3万元。

第二十八条　违反本办法的规定，电磁辐射建设项目和设备的环境保护设施未建成，或者未经验收合格即投入生产使用的，由批准该建设项目环境影响报告书（表）的环境保护行政主管部门依法责令停止生产或者使用，并处罚款。

第二十九条　承担环境影响评价工作的单位，违反国家有关环境影响评价的规定或在评价工作中弄虚作假的，由核发环境影响评价证书的环境保护行政主管部门依照国家有关建设项目环境保护管理的规定，对评价单位没收评价费用或取消其评价资格，并处罚款。

第三十条　违反本办法规定，造成电磁辐射污染环境事故的，由省级环境保护行政主管部门处以罚款。有违法所得的，处违法所得 3 倍以下的罚款，但最高不超过 3 万元；没有违法所得的，处 1 万元以下的罚款。

造成环境污染危害的，必须依法对直接受到损害的单位或个人赔偿损失。

第三十一条 环境保护监督管理人员滥用职权、玩忽职守、徇私舞弊或泄漏从事电磁辐射活动的单位和个人的技术和业务秘密的，由其所在单位或上级机关给予行政处分；构成犯罪的，依法追究刑事责任。

第五章　附　则

第三十二条 电磁辐射环境影响报告书（表）的编制、审评，污染源监测和项目的环保设施竣工验收的费用，按国家有关规定执行。

第三十三条 本管理办法中豁免水平是指，国务院环境保护行政主管部门对伴有电磁辐射活动规定的免于管理的限值。

第三十四条 本管理办法自颁布之日起施行。

附件：

电磁辐射建设项目和设备名录

一、发射系统

1. 电视（调频）发射台及豁免水平以上的差转台

2. 广播（调频）发射台及豁免水平以上的干扰台

3. 豁免水平以上的无线电台

4. 雷达系统

5. 豁免水平以上的移动通信系统

二、工频强辐射系统

1. 电压在 100 千伏以上送、变电系统

2. 电流在 100 安培以上的工频设备

3. 轻轨和干线电气化铁道

三、工业、科学、医疗设备的电磁能应用

1. 介质加热设备

2. 感应加热设备

3. 豁免水平以上的电疗设备

4. 工业微波加热设备

5. 射频溅射设备

建设上列电磁辐射建设项目应在建设项目立项前办理环境保护申报登记手续，使用上列电磁辐射设备应在购置设备前办理环境保护申报登记手续。

豁免水平的确认由省级环境保护行政主管部门依据《电磁辐射防护规定》GB8702-88 有关标准执行。

化学工业环境保护管理规定

〔90〕化计字第 781 号

第一章 总 则

第一条 化学工业是国民经济的重要组成部分，也是对环境影响较大的一个工业部门。防治好化工污染，对保护自然资源与广大人民群众的切身利益，发展工农业生产，促进四化建设关系很大。为认真执行《中华人民共和国环境保护法》及有关方针政策，特制定本规定。

第二条 化学工业必须贯彻保护环境这一基本国策，实行"预防为主，综合治理，以管促治"的方针，坚决做到保护环境与生产建设同步规划、同步实施、同步发展，实现经济效益、社会效益、环境效益的统一。

第三条 化学工业环境保护工作的任务是，保证化学工业在生产建设过程中，采用无污染或少污染的先进技术，合理开发和利用各种资源、能源、防治废水、废气、废渣（以下简称"三废"）、噪声、振动、烟（粉）尘、恶臭气体以及放射性物质等污染，达到国家或地方人民政府规定的排放标准和环境质量要求，为我国人民创建清洁、优美、安静的生活和劳动环境，为改善全球环境质量做出贡献。

第四条　化工系统的各级领导实行环境目标负责制。化学工业部部长，各省、自治区、直辖市化工厅（局）长及计划单列城市化工局长（公司经理），各地、市化工局长（公司经理），各化工厂矿、企业的经理、厂长、矿长、化工科研设计院（所）的院长、所长等各级领导，对本部门、本系统、本单位由于生产、建设、经营、科研等活动所造成的环境污染和生态破坏负有管、防、治的责任，要认真调查研究，督促检查，及时解决问题，特别是要抓紧解决那些群众反映强烈的环境问题，总结推广行之的效的经验。

第五条　各化工企业、事业单位，必须坚持自力更生，充分挖掘内部潜力，筹集资金，防治各种污染。各级化工主管部门要加强对环境保护的计划指导和组织协调工作，帮助企业解决力所不及的实际困难。

第六条　各化工企业、事业单位及其主管部门必须遵守国家和地方人民政府发布的环境保护法律、法规、标准和要求，接受环境保护部门的业务指导和监督，参加建设与本单位有直接关系的区域性综合防治工程，并完成应承担的任务。

第七条　本规定适用于全国化工各级主管部门和所有工矿

企业、科研、设计单位以及中外合资化工企业的环境管理。上述单位的计划、生产、基建、经营、科技、设计等各个业务部门要按照本规定，做好与本职业务有关的环保工作，并接受上级和本单位的环保部门监督检查。

第二章　治理现有企业污染

第八条　所有造成环境污染和其它公害的化工厂矿、事业单位，必须在查清污染现状和排污底数的基础上，制订切实可行的治理规划，有计划、有步骤地付诸实施。污染特别严重、群众反映强烈的企业或生产装置，主管部门要下令限期停产整治，整治达不到标准的不能恢复生产。

第九条　现有企业防治"三废"污染，必须首先加强生产技术和设备管理，杜绝跑、冒、滴、漏，充分利用好各种资源、能源、提高原料、燃料利用率，使生产过程中不产生或少产生废弃物。凡是通过设备大修能够解决的"三废"和粉尘等污染，要在大修时加以消除。

第十条　凡是依托现有企业搞扩建、改造、挖潜项目，如新"三废"与老"三废"相同或处理方法相似，必须实行以新带老的原则，所需资金、材料、设备和设计、施工力量要一并安排，使新老"三废"一并解决。

第十一条　凡是"三废"污染严重又暂无条件治理的企业或生产装置，一律不得扩大生产能力。各级化工主管部门要结合化学工业的调整，根据具体情况，对上述企业有计划地实行关、停、并、转、迁，以减少污染厂点。

第十二条　企业对排放的废气、烟尘、粉尘，必须采取有效措施进行治理，使有毒有害物质的含量（或排放量）达到国家排放标准。散布恶臭气体或粉尘的设备必须采取密闭、除尘、净化回收等措施，保证职工身体健康不受危害。

第十三条　各生产装置排出的废水，必须在搞好清污分流的前提下进行有效处理，废水中的有毒有害物质的含量必须达到国家排放标准或区域综合污水处理场要求。

在化工企业比较集中的地方或大型联合企业，要搞好污水综合治理。

严禁采用渗沆、缝隙、溶洞或稀释等办法排放废水。

第十四条　企业排放的废渣含可溶性毒物时必须设置有防止渗漏措施的堆积场所，严禁不加处理地埋入地下或倾入水体。不含可溶性毒物的废渣、化学矿山的尾矿或废石，必须有组织地排入堆渣场、排土场、尾矿（砂）库（或回填已报废的坑道及采空区），不得损害自然景观。堆渣场、排土场要采取覆盖利用或绿化等措施，不得造成粉尘、砂尘飞扬和泥石流等危害。露天采矿闭坑以后，要遵照国家有关规定，进行复垦造田，保护生态平衡。

第十五条　严防化工污染的转移和扩散。

1. 处理后的"三废"不论是排出厂外，还是转让其它单位使用，都要防止发生二次污染。

2. 化工企业和科研、设计单位不得向乡镇、街道企业提供有严重污染又无治理技术的化工产品生产技术资料。

3. 禁止化工企业将自己未解决的有严重污染的产品、原料、中间体转移到乡镇、街道企业生产、加工或包装。

4. 有毒有害"三废"的出厂转移，必须经化工主管部门和当地人民政府环保部门审查批准。

第十六条 化工企业或生产装置的技术改造必须包括防治污染的内容，环保部门应参加技术改造方案的审查，严格把关。选用的技术改造方案必须符合以下要求，计划部门方可批准实施。

1. 要采用资源利用程度高、"三废"排放量少的最佳原料路线和先进工艺方法。

2. 采用无污染或少污染、噪音低、振动小、效率高的新设备和装置。

3. 采用无毒害或低毒害的原材料和催化剂。

4. 改进产品结构，发展对环境无影响或影响小的新产品。

5. 采用先进易行、经济合理的"三废"净化设施。

所有技术改造工程投产后，排放的污染物必须达到国家排放标准，企业的环境面貌要有明显改善。

第十七条 对通过工艺、设备改造不能解决的"三废"，应进行综合利用和回收利用，变"废"为宝，实现"三废"资源化。

1. 对工艺过程中产生的余热、压差、可燃用尾气，不参加化学反应或反应过剩的化学介质，凡是利用价值、又有办法利用的都要回收利用，作为工业和民用的燃料或其它用途。

2. 对生产过程中产生的副产物、废弃物，凡是在技术上有办法利用、在经济上又合理的，都要用来生产新的产品。

3. 对浓度比较高的废酸液、废碱液、残液或有机溶剂，要尽一切努力做到本厂分档、循环套用于生产，不得随意排放；或者经过加工处理后出售，但不得造成二次污染。

4. 对生产下水要实行清污分流，循环利用，一水多用，要把水和重复利用率提高行 70% 以上。

5. 对各种废渣，凡是办法利用的必须充分利用，尚无办法利用的，要抓紧开辟利用途径。

第十八条 生产和使用放射性物质以及有毒化学品的化工厂矿、事业单位，必须按照有关规定严加防护、管理和控制，采取切实可行的措施确保在生产、包装、贮运过程中不泄漏，不发生污染和中毒事故。

第十九条 防治老企业"三废"污染所需资金，主要依靠企业自筹解决。资金来源必须按照《国务院关于环境保护工作的决定》（国发（1984）64 号文）和国家计委、科委、经委、财政部、建设部、中国人民建设银行、中国工商银行（84）城环字 331 号文件的规定办理，在年度计划中具体落实。

1. 每年从更新改造资金中提留 7% 用于污染治理。污染严重、治理任务重的企业应高于这个比例。生产发展基金也可用于治理污染。

2. 从交纳的排污费中按国家规定返回企业的资金必须全部用于治理污染。

3. 为治理污染开展综合利用所生产的产品，在投产后五年内所实现的利润不上缴，留给企业继续用于治理污染，开展综合利用，不得挪做它用。

4. 防治污染和综合利用"三废"资源的项目，可向银行申请优惠贷款。

第二十条 位于北京、天津、上海、杭州、苏州、桂林、西安等城市的化工企业，凡是污染严重、破坏自然景观、影响居民健康的要限期治理。治理后仍达不到当地人民政府规定的环境质量要求的，各级化工主管部门要采取果断措施，促使企业改产或搬迁。现有污染严重的产品不得扩建。上述城市不得新建有较大污染的化工企业。

第三章　防止产生新的污染

第二十一条 各级化工主管部门和企业在制订长期发展规划时，必须考虑生产发展可能给环境带来的影响，注意布局和规模的合理性。凡大量排放"三废"、烟尘、粉尘、恶臭气体、射性物质以及设备振动噪声大的化工企业和生产装置，不得建在靠近城市的上风向、水源保护区、风景游览区、城镇居民稠密区、文化教育区、疗养区和自然保护区。

第二十二条 新建、扩建、改建和技术改造项目在进行可行性研究时，必须包括环境保护的内容，执行编制环境影响报告书（表）制度，经过建设项目主管部门预审和主管环保产门审查同意后，方可召开项目可行性研究报告评审会议。如果原定项目的规模，主要产品方案，工艺技术或建设厂址发生重大变更，环境影响报告书（表）必须重新编制或做出相应的修改，并按照环境影响报告书的审查程序重新审查。

第二十三条 新建、扩建、改建和技术改造工程项目，不论生产规模大小，不论资金来源渠道，一律执行"防治污染和其它公害的设施与主体工程同时设计、同时施工、同时投产"的规定，污染物的排放必须符合国家或地方人民政府规定的标准。新建企业投产，要符合清洁文明工厂的要求。

第二十四条 大中型化工建设项目的环境影响报告书，必须由持有环评资格甲级证书并熟悉化工生产工艺技术和治理污染技术的单位按环保部门审查批准的环评大纲编写，对建设项目产生的污染和对环境的影响作出评价，经项目主管部门预审，并依照规定的程序报国家环境保护局审批。

第二十五条 新建、改建项目的厂址，应根据环境影响报告书的结论及其审批意见选定。凡是没有提出或没有经环保部门审批同意的环境影响报告书（表），主管部门不得批准或上报计划任务书，设计部门不得进行设计。

第二十六条 新建、扩建、改建的化工厂矿、车间（包括引进成套项目），在总体设计、初步设计文件中，必须单独列出符合质量要求的环境保护篇（章）其主要内容包括：

1. 项目建设前的环境状况；

2. 新项目产生的污染源（"三废"种类、数量、组分、有毒有害物质等）情况；

3. 设计中采取的环保措施（综合利用措施、净化处理措施、环境监测措施、厂区环境绿化）及其所需要的投资概算；

4. 处理后的污染物是否达到国家或地方人民政府规定的排

放标准；

5. 对企业（车间）建成后环境质量状况进行预测；

6. 当地环境保护部门签署的意见；

7. "三废"处理措施的经济分析、概算标准及概算。

凡是建设项目设计文件中，不按上述要求同时编制环保设计的或"三废"治理技术不过关的，主管部门一律不得审批设计。

第二十七条 化工设计单位必须对其设计的防治污染措施的先进性、可靠性、经济合理性负责。在设计中必须采用先进的生产工艺技术，从工艺技术上消除或减少"三废"排放量；对工艺上不能解决的"三废"要采用清污分流和先进治理技术，保证污染物达标排放。对"三废"没有治理方法或虽有方法但工艺基础数据不全的项目不得进行设计；对没有"三废"治理内容的工程设计不得向外提供。

第二十八条 从国外引进或与外商合作的项目，从与外商谈判、签订合同，直至进行建设，组织生产，都必须有防治污染的内容，建成后的环境保护设施要达到国际先进水平。

第二十九条 各级化工主管部门在安排和审查年度新建、扩建、改建、挖潜项目时，对与主体工程有关的"三废"治理和综合利用工程所需资金、设备、材料，必须同时列入计划，切实予以保证，不留缺口。在施工过程中，不得以任何理由为借口，挤掉"三废"治理和综合利用的资金、设备、材料和施工力量。

第三十条 施工单位在施工过程中，必须做到文明施工，保护周围环境。如产生粉（烟）尘、噪声、振动及废物，必须有防范措施。工程建成后，必须进行修整，恢复周围环境的本来面貌。

第三十一条　新建、扩建、改建和技术改造项目的竣工验收，必须由环境保护部门先检查防治污染的措施和效果，并按《化工建设项目环境保护设施竣工验收办法（试行）》办理竣工验收手续。凡是防治污染措施没有与主体工程同时建成的或建成后经过化工试车考核其治理效果达不到设计要求的项目，一律不得验收投产，强行或变相投产的，要追究决定者的责任。

第四章　加强生产环境管理与群众监督

第三十二条　化工企业在日常生产指挥中，必须实行生产、环保一起抓。各级领导要在布置、检查、调度、总结评比生产的同时，布置、检查、调度、总结评比环保工作。发生污染事故时，生产部门应负责处理。

第三十三条　各级化工主管部门必须制订有利于加强环境管理的环保指标，对污染物的控制，要纳入生产计划管理的轨道。环保指标内容包括：

1. 限期治理污染项目的工程进度指标；

2. 按产品制订的污染物流失量和排放总量控制指标；

3. 防治污染设施运转效率指标。

上述指标，由各级化工主管部门下达到所属企业，企业再分解落实到车间、班组，定期检查执行情况和考核。凡完不成当年度环境保护指标的企业，不算全面完成国家计划，不得评选先进企业。

第三十四条 各化工企业必须推行污染物流失量总量管理办法，通过测算和实测，查明各种产品各生产工序的污染物流失点和去向，制订污染物流失定额、技术操作堆积和生产岗位责任制，并教育工人严格执行。对超标流失或超标排放污染物的车间、工段、班组和个人、要视情节轻重，给予经济处罚和行政处分。

第三十六条 评选优质产品和行业质量管理奖，必须把生产环境质量状况列为评比条件之一。凡经检查发现污染严重的，不得评为优质产品和各级质量管理奖。

第三十七条 各级化工主管部门在安排企业年度生产指标计划时，必须实行择优安排的原则，对"三废"处理取得明显效果、污染物流失量小、基本不污染环境的企业应多安排生产指标，优先供应原料；对"三废"不处理、污染物流失量大、严重污染环境的企业要少安排生产指标，以减少污染。

第三十八条 各化工企业必须开好、管好现有防治污染设施，坚持与生产装置同时运行、同时维护保养、同时大修，当防治污染设施运行发生故障时，生产装置要采取相应措施（包括停止生产），以防发生污染事故。

第三十九条 各化工企业的防治污染设施是固定资产的组成部分，必须按照固定资产管理办法管理，提取折旧基金和大修理基金，做到专款专用。防治污染的设施不得擅自拆除或者闲置，确有必要拆除或者闲置的，必须征得当地环保部门的同意，并报行业环境保护主管部门备案。

第四十条　各化工企业必须建立和健全环境保护原始记录和统计制度，配备统计人员，装备"三废"排放的计量仪器和仪表。并按照国家和化学工业部有关环境统计制度的要求，定期填报环境统计数字和环境质量发展变化情况。凡发生重大污染事故，必须按照《化工企业重大污染事故报告及处理办法》规定的报告日期、程序和内容向化学工业部环境保护办公室报告。不按规定报告的，按隐瞒事故从严处理。

第四十一条　创建清洁文明工厂是企业晋升国家级企业和化学工业部六好企业的前提条件之一。各级化工主管部门和化工企业要发动群众，制订规划和措施，积极开展创建清洁文明工厂的活动。清洁文明工厂的六条标准是：

1. 达到无泄漏工厂要求。

2. 凡是目前国内技术上可行、经济上合理，能成功地回收利用的各种"三废"资源和余热，其利用率要达到70%以上。

3. 排放的"三废"，已采取措施进行处理，符合国家排放标准。

4. 厂房内外、厂区和生活区大气中的有害物质和粉尘含量符合《工业企业卫生标准》。

5. 噪音大的生产设备和工艺，采取消声或隔音装置，车间和作业场所的工作地点的噪声符合《工业噪声卫生标准》。

6. 厂容厂貌整齐、清洁、卫生，消除了脏、乱、差，并坚持经常。厂区内绿化面积占可绿化面积的70%以上。马路无堆物，地面无垃圾，卫生无死角，生产场所做到沟见底，轴见光，设备见本色。办公地点及生活福利场所做到窗明、几净、地面光，摆设整齐，用具清洁，环境美。

各省、自治区、直辖市化工厅（局）及计划单列市化工局（公司）必须按标准严格验收清洁文明工厂，并报化学工业部核发清洁文明工厂证书。

第四十二条 各化工企业的经理、厂长、矿长，每年要定期向全体职工或职工代表大会报告环境质量和污染状况，接受群众监督。广大职工和家属是企业的主人，享有在清洁环境中从事劳动和生活的权利，也有保护环境和国家资源的义务；对污染环境、破坏生态的行为有权进行监督、制止和检举，有关部门必须认真处理。任何人不得借故对监督、制止和检举人进行打击报复。对敢于坚持原则、秉公办事的环保人员，各级领导要大力支持和爱护。

第五章 环保科研、教育和监测

第四十三条 各化工企业、科研、设计单位及其主管部门，必须把环境保护科学研究作为科技工作的重要组成部分，统筹安排，组织和加强力量，切实纳入本单位、本部门的科研工作计划。在编制科研发展规划与科研计划时，应包括环保科研项目。

第四十四条 化学工业部所属化工研究、设计院·(所)，要建立环保科研、设计机构。治理"三废"任务重的省、自治区、直辖市化工厅（局），亦应建立不同规模的环保科研、设计机构。其任务是：

1. 组织负责制定环保科研规划；

2. 研究和推广污染防治技术；

3. 研究制订"三废"排放指标和检测方法；

4. 制订治理"三废"的设计规范和通用设计；

5. 负责化工环保科技与设计情报的收集、整理、研究和提供信息资料。

第四十五条　各级化工主管科技工作的部门，在安排科研任务和鉴定科研成果时，必须同时安排"三废"治理任务和组织召开"三废"治理技术鉴定，"三废"治理技术成果应具备工业化设计要求。凡是治理"三废"技术不过关的科研成果，一律不予鉴定和推广应用。

第四十六条　各化工专业研究院（所）和企业研制的新产品、新工艺、新技术必须是环保部门认可已有办法消除"三废"污染和科研成果，否则，不得向上级主管部门申请技术鉴定和上报科研成果，更不得私自宣传和推广。

第四十七条　化工主管部门要重视环保科研的投入，根据化工专业研究院（所）的环保科研任务，每年安排必要的环保科研经费。企业开展环保科研、监测所需费用，摊入企业生产成本。

对于缺乏治理技术，企业又无力解决的污染防治技术难题，可委托科研单位研究，并签订合同，重大成果实行有偿转让。

第四十八条　加强国内外环保科技交流和情报工作。北京化工研究院环保所和吉林化学工业公司设计院是负责组织全国化工环保科技和设计技术交流的中心，在业务上受部化工情报和环保主管部门的指导。各化工专业研究院（所）、设计院和企业要将环保科研成果、设计成果及时报送中心站；中心站要搞好资料整理、研究、编辑、出版、交流以及收集翻译国外资料等工作。

化学工业部及省、自治区、直辖市化工厅（局）的外事部门在组织生产、建设、科研、管理等方面出国考察时，要注意安排有关环境保护方面的内容，并派环保人员参加。考察报告中应有环境保护章节。

第四十九条 根据《全国环境监测管理条例》的规定，应切实加强对重点污染源、污染物的管理和监督。化学工业部环保监测中心负责组织和协调各地化工部门和企业的监测工作，研究解决监测中的重大技术问题。各级监测站都要执行《化学工业环境保护监测工作规定》，装备必要的监测仪器和数据处理系统，及时准确地掌握化工污染状况，预测发展趋势，为制订防治污染对策、规划提供科学依据。

第五十条 各重点城市和化工生产集中的地区应建立区域性的化工环境监测站，负责监督和检查企业污染物的排放情况以及企业对国家或地方规定的环境标准执行情况，参加防治污染设施竣工验收和重大污染事故调查，及时向监测中心和主管部门反映情况。

大中型企业要根据需要设立专门的环境监测站（组），小型企业应有专（兼）职监测人员，负责监测生产过程和排污口的

"三废"排放数量和浓度及其对周围环境质量的影响。经过对监测数据的整理分析，报告污染动向，避免污染事故的发生。

第五十一条 化学工业产所属高等院校、中等专业学校，要有计划地设立环保专业，为发展化学工业培养和提供环保专业人才。化工院校的有关专业课程要增加环保知识内容，使学生掌握防治化工污染的技能。

化工院校要充分利用现有的条件，积极组织师生开展环保科学研究工作，配合科研单位和企业解决当前化工生产中最突出的"三废"治理技术和综合利用技术问题。

第五十二条 化工企业及其主管部门要把环境保护教育作为全员培训的一项重要内容。通过举办环保干部轮训班、环保技术报告会、环保专业知识讲座等多种形式，大力宣传党和国家的环保政策，普及环保科技知识，提高全体职工对保护环境重要意义的认识。要定期对企业领导干部、工程技术人员、管理干部和生产工人的环保业务技术知识进行考试，并将其考试成绩作为评定晋级的依据之一。新工人进厂必须进行环保法规三级（厂、车间、工段）教育，考试合格后方可上岗操作。

第六章 环境保护机构和职责

第五十三条 根据《国务院关于环境保护工作的决定》（国发〔1984〕64号）中有关建立和健全环保机构的精神，化学工业部成立环境保护领导小组，下设办公室，负责组织领导和指导全国化工系统环保工作。各省、自治区、自辖市化工厅（局）、计划单列市化工局（公司）、化工专业公司和大中型化工厂矿企业都应根据工作的实际需要，设置专门的环保机构。小型企业和大型生产车间应设有专职环保人员。环保管理人员和监测人员应选拨具有较高专业水平、能坚持原则秉公办事的同志担任，做到有职有权，并保持人员稳定和工作的连续性。

第五十四条 各级环保机构的主要职责：

1. 贯彻国家的环保方针、政策和法律法规，并对本部门、本系统、本单位的执行情况进行监督。

2. 负责组织制订本部门、本系统、本单位的环境保护管理制度和环保技术经济政策，并监督贯彻执行。

3. 会同有关部门组织制定环境保护长远发展规划和年度实施计划，安排限期治理项目。监督检查计划执行情况。

4. 配合科技部门制定环保科技发展规划和年度计划。协调有关部门的环保科研工作，参加技术鉴定。组织科研成果的应用和推广。

5. 负责组织与领导环境监测和统计工作，掌握污染动态，提出改善措施。

6. 监督检查新建、扩建、改建和技术改造以及国外引进项目执行"三同时"规定的情况。参与厂址选择，环境影响报告书和计划任务书、初步设计的审批，以及环保设施工程进度、质量的检查和竣工验收等项工作。

7. 组织环保科技、设计情报交流，抓好典型，树立样板，总结和推广先进经验。

8. 组织宣传国家环保方针政策和环保科技业务知识，配合教育部门培养和训练环保专业人员。

9. 参加检查验收清洁文明工厂、评选环保先进单位和个人，并提出检查验收和评比意见。

第五十五条 环保人员必须坚持原则、守职尽责，维护本规定的实施。对有可能使环境质量恶化、危及人们健康或带有潜在性危险的行为，应及时报告本单位的领导，建议立即采取限产、停产、不准施工、不准验收投产、不予技术鉴定等有效措施；领导必须认真研究，积极支持和采纳，领导采纳与否，不能采取口头表态方式，必须签署书面意见；对不听取正确意见的领导，环保机构的负责人有权越级反映情况。

第七章 奖励与惩罚

第五十六条 凡是在防治污染、保护环境方面做出显著成绩和贡献的单位和个人，都要按照国家的有关规定，给予精神奖励和物质奖励。

环境保护计划指标完成与否，环境状况好坏，应作为评定生产奖励的重要考核因素，在污染较重的化工企业采用百分制评定生产综合奖，环保打分应占相当比重，以示奖优罚劣。

第五十七条 凡是综合利用"三废"资源为主生产的产品，要优先供应原料；当产品产量大于需要时，主管部门应优先安排综合利用产品的生产和销售。

第五十八条 国家和地方安排企业治理污染的工程，征得当地财政部门的同意，可以实行投资使用包干制。投资额经主管部门严格审定后，签订包规模、工期、质量、效果、投资的合同，超支不补，节约归已。结余资金主要用于环境监测和科研，并对完成环境工程有较大贡献和人员给予适当奖励。

第五十九条 根据原国家经委、财政部经综（87）272 号文件《关于对国营工业企业资源综合利用项目实行一次性奖励的通知》，对符合环境保护要求、独立计算盈亏有盈利的综合利用项目，可以实行一次性奖励，提奖比例不超过该项目留用利润的 10%，如属受中央有关部委表扬的优秀综合利用项目，提奖比例可抽高到 15%，不征收奖金税。

第六十条 评选先进要把环境保护作为其中的一项重要考核内容。凡属下列情形之一者，取消评比先进资格。

1. 已有污染治理设施，管理不善，长期运转不正常或废弃不用的；

2. 对周围环境污染严重，不关心人民疾苦，不采取改善措施，引起群众强烈不满的；

3. 不执行环境影响报告制度和"三同时"规定，未经省级化工厅局以上主管环保部门同意，擅自将建设项目投产污染环境的；

4. 不经省级化工厅局以上主管环保部门批准，任意将污染产品扩散到乡镇、街道企业，转移有毒有害"三废"造成不良后果的；

5. 不接受环保部门建议或不按期完成国家和地方人民政府限期治理项目，致使环境污染、环境质量继续恶化的；

6. 当年发生较大污染事故，引起人畜中毒，农、林、牧、副、渔业受害造成较大经济损失的。

第六十一条 凡是由于违反国家环境保护法律、法规和本规定而发生特大环境污染事故，造成百人以上中毒或十人以上中毒住医院、一人死亡、以及百亩农田被毁或五头大牲畜中毒死亡、二十头大牲畜中毒的企业，除追究企业厂（矿）长和肇事人的责任外，扣发企业全体职工的当月奖金。车间发生重大污染事故，要追究车间主任和肇事人的责任，并扣发车间职工的当月奖金。对污染责任者和直接领导者，后果和情节较重的给予警告、记过、记大过、撤职、留厂察看直至开除厂籍的行政处分；后果十分严重、情节非常恶劣的，要依法追究刑事责任。

对企业职工的处分，由企业环保部门会同有关部门研究提出意见，厂（矿）长决定；对企业领导的处分，由上一级机关环保部门会同有关单位提出意见，主管机关领导做出决定。对要追究刑事责任的个人，按法律程序办理。

第八章　附　则

第六十二条 本规定由化学工业部负责解释。

第六十三条 本规定自发布之日起施行。1980 年 5 月 8 日发布的《化学工业环境保护管理暂行条例》同时废止。

医药工业环境保护管理办法

（1990 年 5 月 25 日国家医药管理局发布）

第一章 总 则

第一条 消除污染，保护环境，是我国的一项基本国策。环境保护也关系着医药工业的发展。为防治污染，加强对生态环境的保护，把经济效益、社会效益和环境效益有机地结合起来，根据国家环境保护法规的规定，制定本办法。

第二条 医药工业的环境保护工作，必须合理地利用资源和能源，坚持预防为主、防治结合的原则，有效地控制和治理污染。强化环境管理，促进医药工业的发展。

第三条 从事医药生产、科研、教育、设计、建设等企业事业单位及行政管理部门，必须遵守本办法。

第四条 各级医药行政管理部门承担对医药企业事业单位的监督职能。

第二章　监督管理

第五条　凡新建、扩建、改建、引进等项目，必须执行国家对建设项目实行环境影响评价制度；必须选用无污染或少污染的工艺、技术、设备；必须执行污染治理及综合利用与主体工程同时设计、同时施工、同时投产的规定。

污染治理项目与主体工程没有同时竣工的，环境保护设施未经环境保护部门验收或验收不合格的，不得强行投入生产或使用。

第六条　从事医药工程设计的单位，在设计中要采用先进的生产工艺技术，从工艺技术上消除或减少污染源；对工艺上不能解决的污染要采取先进的防治措施，符合环境保护的要求。

第七条　国家和地方人民政府划定的水源保护区、名胜古迹、风景游览区和需要特别保护的区域内，不得新建污染环境的医药生产设施；已经建成的设施，其污染物排放超过国家和地方的标准要限期治理。

第八条　各级医药行政管理部门在安排和审查年度新建、扩建、改建、引进等项目计划时，对与主体工程有关的污染治理和综合利用工程所需资金、设备、材料、必须同时列入计划，切实予以保证。在施工过程中，不得以任何借口，挤掉污染治理和综合利用工程的资金、设备、材料和施工力量。

第三章　污染和公害的治理

第九条　造成环境污染和其他公害的单位，必须有治理规划，并有计划、有步骤地实施。各有关部门对实施规划，要在财力、物力和人力方面给予安排和保证。

第十条　各单位要加强管理，开展技术研究，搞好综合利用，最大限度地回收各种资源，提高原料、燃料利用率。

第十一条　企业在原有生产基础上进行扩建、改建项目时，原有污染问题应一并解决。

第十二条　企业必须按规定提取一定比例的更新改造资金用于治理污染。有关财务和审计部门要保证并监督污染治理资金的合理使用。

第十三条　对造成环境严重污染的企业事业单位或产品要限期治理。未经治理或治理后未达到国家或地方有关标准时，不得扩大生产能力。否则，医药行政主管部门有权给予调整。

第十四条　各单位所排放的废气、烟尘，必须采取有效措施加以治理，使其达到国家或地方规定的标准。

第十五条　各单位所排放的废水要做到清、污分流，分别处理，提高复用率；对含有毒有害物质的废水必须治理并达到国家或地方规定的排放标准。严禁采用渗井、渗坑等办法排放，确保地表水、地下水不受污染。

第十六条　各单位要加强废渣的治理，严格执行国家或地方的有关规定，禁止任意排放和丢弃。

第十七条　所有噪声大、振动大的生产设备和生产工艺要采用消声、隔声、防振装置，达到国家和地方规定的环境噪声标准。

第十八条　一切产生粉尘的生产岗位，要提高设备的密闭性和采用除尘、吸尘装置，使环境大气中的粉尘含量符合环境质量标准。

第十九条　在生产中使用放射性物质以及汞、砷、铅、镉、铬、氰化物等有毒物质的企业，要按照有关规定严加防护、管理和控制，防止污染环境。

第二十条　在治理污染物的过程中，不论是排出厂外，还是转让其他单位加工或使用，应经当地环境保护主管部门批准，防止发生二次污染。

第四章　生产管理

第二十一条　对产生废气、废水、废渣、粉尘、恶臭气体、放射性物质以及噪声、振动、电磁波辐射等企业事业单位，必须采取有效措施防治；各单位行政领导要把环境保护作为管理的一项重要任期目标。

第二十二条　各单位必须根据国家颁发的污染物排放标准，制定各生产车间排放污染物的控制指标，列入技术操作规程，作为经济责任制的考核依据。

第二十三条　切实管好、用好污染治理设施及环境保护装置，保证正常运行；发生故障时，要采取相应措施（包括停止生产），防止发生污染事故。

第二十四条　各单位的环境保护装置是固定资产的组成部分，要按固定资产管理办法进行管理，不经当地行政主管部门同意和环境保护部门批准，任何人不得决定停用、拆迁、报废，财务部门不得销账处理。

第二十五条　各单位要搞好环境监测，逐步建立和完善重大环境污染事故隐患评价制度，加强对环境污染事故隐患的管理，防止事故隐患的爆发。

第二十六条　有重大环境污染事故隐患的单位，对主要污染物的性质，污染事故隐患的类型及可能爆发的因素，应制定污染事故的防范、应急措施、建立紧急救援组织。

第二十七条　各单位要依靠群众，加强污染防治。对污染环境、破坏资源及环境保护设施行为的单位和个人，人人有权检举和控告。

第五章　环境保护的科研和教育

第二十八条　加强医药工业污染治理的技术研究和成果推广。省（市）级以上医药管理部门在条件允许的情况下，均应成立环境保护科研机构。大中型企业也要在现有科研所（室）中设置环境保护研究室（组）。根据本地区、本企业的污染情况开展防治研究工作。

第二十九条　各级科技主管部门，在安排各类各种医药产品开发研制计划时，必须包含污染治理内容。

第三十条　各类医药院（校）、药物研究机构和企业研制的新产品、新工艺、新技术成果鉴定时，必须有消除或治理污染的技术措施并达到有关标准。否则不得通过鉴定，更不得应用和推广。

第三十一条　加强国内外环境保护技术交流和技术情报工作。

第三十二条　各类医药院（校）应逐步开设和增加环境保护方面的课程。各级医药管理部门和企业事业单位要采取各种培训方式，不断提高环境保护管理和污染治理技术水平。新工人进厂要进行环境保护法规和环境保护知识教育。

第六章　环境保护机构和职责

第三十三条　各省（区、市）医药行政管理部门应设置环境保护专职机构并配备相应的专职人员；大中型企业应根据本企业的环境保护工作任务设置相应的环境保护的管理机构及监测站；小型企业应设置相应的环境保护专职人员。

第三十四条　各级医药环境保护机构的职责是：

（一）认真贯彻国家的环境保护方针、政策、法令，执行地方政府、上级主管机关的有关法规、条例等。监督本单位对环境保护法规的执行情况，并负责组织制订环境保护管理实施细则。

（二）负责组织编制环境保护中长期规划和年度计划，并协助主管领导组织、实施。

（三）配合科技部门制定环境保护的中长期科研规划和年度计划，组织鉴定和推广环境保护科技成果。

（四）监督检查有关部门对污染治理、环境保护规定的执行情况，参加新建、扩建、改建项目计划任务书（方案）、可行性研究、扩初设计审查以及引进项目或装置中有关环境保护技术方案的确定和竣工项目的验收工作。

（五）组织环境保护技术情报、科研信息的交流，推广先进治理技术和管理经验。

（六）领导本部门、本单位的环境监测业务工作，建立环境保护技术档案。

（七）组织环境保护的宣传和教育工作，有计划地开办各种层次的培训，提高环境保护专业技术、管理人员的素质。

（八）组织污染事故的调查和处理；参与企业升级中有关环境保护指标的考核、评审。

（九）组织或协助开展污染事故隐患评价。定期向当地和上级的环境保护部门如实上报监测结果。

（十）对违反国家环境保护法规，造成严重污染或破坏环境、危害人民健康的单位，其环境保护机构和人员有责任将情况向当地环境保护行政主管部门和上级医药行政管理部门如实报告。

第七章　奖励和惩罚

第三十五条　对保护环境做出显著成绩的单位和个人要按照国家的有关规定给予表扬和奖励。

第三十六条　企业应在综合奖金中提取一定比例作为环境保护工作专项奖，由环境保护管理部门提出奖励方案。

第三十七条　各单位为消除或减轻污染，利用污染物或废弃物开展的综合利用取得的效益，要执行有关的奖励政策。

第三十八条 严格执行《工业企业环境保护考核制度实施办法（试行）》，在企业升级（定级）及评选各类先进时，要把环境保护管理和污染治理作为重要的一项考核内容。有下列之一情形者不得评选。

（一）当年发生重大污染事故，引起人、畜中毒死亡或使农、林、牧、副、渔业造成直接经济损失万元以上者；

（二）不执行污染治理、环境保护的规定，未经当地环境保护行政主管部门同意而擅自投产者；

（三）已建成的污染治理和综合利用装置，由于管理不善，连续三个月不能正常运转，或废弃不用者；

（四）挪用或削减、取消污染治理专项费用，造成治理项目拖延而不能按计划正常投产者；

（五）一年内未开展环境保护法规和环境保护知识宣传教育者。

第八章　附　则

第三十九条　本办法解释权属国家医药管理局。
第四十条　本办法自 1990 年 6 月 1 日起施行。

全国普法学习读本
★ ★ ★ ★ ★

>>>>>环境保护监管法律法规学习读本<<<<<

环境保护监管法律法规

加大全民普法力度，建设社会主义法治文化，树立宪法法律
至上、法律面前人人平等的法治理念。

—— 中国共产党第十九次全国代表大会《决胜全面建
成小康社会 夺取新时代中国特色社会主义伟大胜利》

王金锋　主编

汕头大学出版社

图书在版编目（CIP）数据

环境保护监管法律法规／王金锋主编. -- 汕头：
汕头大学出版社，2023.4（重印）
（环境保护监管法律法规学习读本）
ISBN 978-7-5658-2960-4

Ⅰ.①环… Ⅱ.①王… Ⅲ.①环境保护法-基本知识
-中国 Ⅳ.①D922.684

中国版本图书馆 CIP 数据核字（2018）第 035683 号

环境保护监管法律法规　　HUANJING BAOHU JIANGUAN FALÜ FAGUI

主　　编：王金锋
责任编辑：邹　峰
责任技编：黄东生
封面设计：大华文苑
出版发行：汕头大学出版社
　　　　　广东省汕头市大学路 243 号汕头大学校园内　　邮政编码：515063
电　　话：0754-82904613
印　　刷：三河市元兴印务有限公司
开　　本：690mm×960mm 1/16
印　　张：18
字　　数：226 千字
版　　次：2018 年 5 月第 1 版
印　　次：2023 年 4 月第 2 次印刷
定　　价：59.60 元（全 2 册）
ISBN 978-7-5658-2960-4

前　言

习近平总书记指出："推进全民守法，必须着力增强全民法治观念。要坚持把全民普法和守法作为依法治国的长期基础性工作，采取有力措施加强法制宣传教育。要坚持法治教育从娃娃抓起，把法治教育纳入国民教育体系和精神文明创建内容，由易到难、循序渐进不断增强青少年的规则意识。要健全公民和组织守法信用记录，完善守法诚信褒奖机制和违法失信行为惩戒机制，形成守法光荣、违法可耻的社会氛围，使遵法守法成为全体人民共同追求和自觉行动。"

中共中央、国务院曾经转发了中央宣传部、司法部关于在公民中开展法治宣传教育的规划，并发出通知，要求各地区各部门结合实际认真贯彻执行。通知指出，全民普法和守法是依法治国的长期基础性工作。深入开展法治宣传教育，是全面建成小康社会和新农村的重要保障。

普法规划指出：各地区各部门要根据实际需要，从不同群体的特点出发，因地制宜开展有特色的法治宣传教育坚持集中法治宣传教育与经常性法治宣传教育相结合，深化法律进机关、进乡村、进社区、进学校、进企业、进单位的"法律六进"主题活动，完善工作标准，建立长效机制。

特别是农业、农村和农民问题，始终是关系党和人民事业发展的全局性和根本性问题。党中央、国务院发布的《关于推进社会主义新农村建设的若干意见》中明确提出要"加强农村法制建设，深入开展农村普法教育，增强农民的法制观念，提高农民依法行使权利和履行义务的自觉性。"多年普法实践证明，普及法律知识，提高法制观念，增强全社会依法办事意识具有重要作用。特别是在广大农村进行普法教育，是提高全民法律素质的需要。

多年来，我国在农村实行的改革开放取得了极大成功，农村发生了翻天覆地的变化，广大农民生活水平大大得到了提高。但是，由于历史和社会等原因，现阶段我国一些地区农民文化素质还不高，不学法、不懂法、不守法现象虽然较原来有所改变，但仍有相当一部分群众的法制观念仍很淡化，不懂、不愿借助法律来保护自身权益，这就极易受到不法的侵害，或极易进行违法犯罪活动，严重阻碍了全面建成小康社会和新农村步伐。

为此，根据党和政府的指示精神以及普法规划，特别是根据广大农村农民的现状，在有关部门和专家的指导下，特别编辑了这套《全国普法学习读本》。主要包括了广大人民群众应知应懂、实际实用的法律法规。为了辅导学习，附录还收入了相应法律法规的条例准则、实施细则、解读解答、案例分析等；同时为了突出法律法规的实际实用特点，兼顾地方性和特殊性，附录还收入了部分某些地方性法律法规以及非法律法规的政策文件、管理制度、应用表格等内容，拓展了本书的知识范围，使法律法规更"接地气"，便于读者学习掌握和实际应用。

在众多法律法规中，我们通过甄别，淘汰了废止的，精选了最新的、权威的和全面的。但有部分法律法规有些条款不适应当下情况了，却没有颁布新的，我们又不能擅自改动，只得保留原有条款，但附录却有相应的补充修改意见或通知等。众多法律法规根据不同内容和受众特点，经过归类组合，优化配套。整套普法读本非常全面系统，具有很强的学习性、实用性和指导性，非常适合用于广大农村和城乡普法学习教育与实践指导。总之，是全国全民普法的良好读本。

目　录

环境监测管理办法

全国污染源普查条例

国家环境保护重点实验室管理办法

环境保护产品认定管理办法

国家环境保护技术评价与示范管理办法

中华人民共和国环境影响评价法

环境保护主管部门实施限制生产、停产整治办法

环保举报热线工作管理办法

环境保护科学技术奖励办法

环境行政处罚办法

环境保护档案管理办法

环境监测管理办法

国家环境保护总局令第 39 号

现发布《环境监测管理办法》，自 2007 年 9 月 1 日起施行。

国家环境保护总局　局长
二〇〇七年七月二十五日

环境监测管理办法

第一条　为加强环境监测管理，根据《环境保护法》等有关法律法规，制定本办法。

第二条　本办法适用于县级以上环境保护部门下列环境监测活动的管理：

（一）环境质量监测；

（二）污染源监督性监测；

（三）突发环境污染事件应急监测；

（四）为环境状况调查和评价等环境管理活动提供监测数据的其他环境监测活动。

第三条 环境监测工作是县级以上环境保护部门的法定职责。

县级以上环境保护部门应当按照数据准确、代表性强、方法科学、传输及时的要求，建设先进的环境监测体系，为全面反映环境质量状况和变化趋势，及时跟踪污染源变化情况，准确预警各类环境突发事件等环境管理工作提供决策依据。

第四条 县级以上环境保护部门对本行政区域环境监测工作实施统一监督管理，履行下列主要职责：

（一）制定并组织实施环境监测发展规划和年度工作计划；

（二）组建直属环境监测机构，并按照国家环境监测机构建设标准组织实施环境监测能力建设；

（三）建立环境监测工作质量审核和检查制度；

（四）组织编制环境监测报告，发布环境监测信息；

（五）依法组建环境监测网络，建立网络管理制度，组织网络运行管理；

（六）组织开展环境监测科学技术研究、国际合作与技术交流。

国家环境保护总局适时组建直属跨界环境监测机构。

第五条 县级以上环境保护部门所属环境监测机构具体承担下列主要环境监测技术支持工作：

（一）开展环境质量监测、污染源监督性监测和突发环境污染事件应急监测；

（二）承担环境监测网建设和运行，收集、管理环境监测数据，开展环境状况调查和评价，编制环境监测报告；

（三）负责环境监测人员的技术培训；

（四）开展环境监测领域科学研究，承担环境监测技术规范、方法研究以及国际合作和交流；

（五）承担环境保护部门委托的其他环境监测技术支持工作。

第六条 国家环境保护总局负责依法制定统一的国家环境监测技术规范。

省级环境保护部门对国家环境监测技术规范未作规定的项目，可以制定地方环境监测技术规范，并报国家环境保护总局备案。

第七条 县级以上环境保护部门负责统一发布本行政区域的环境污染事故、环境质量状况等环境监测信息。

有关部门间环境监测结果不一致的，由县级以上环境保护部门报经同级人民政府协调后统一发布。

环境监测信息未经依法发布，任何单位和个人不得对外公布或者透露。

属于保密范围的环境监测数据、资料、成果，应当按照国家有关保密的规定进行管理。

第八条 县级以上环境保护部门所属环境监测机构依据本办法取得的环境监测数据，应当作为环境统计、排污申报核定、排污费征收、环境执法、目标责任考核等环境管理的依据。

第九条 县级以上环境保护部门按照环境监测的代表性分别负责组织建设国家级、省级、市级、县级环境监测网，并分别委托所属环境监测机构负责运行。

第十条 环境监测网由各环境监测要素的点位（断面）组成。

环境监测点位（断面）的设置、变更、运行，应当按照国家环境保护总局有关规定执行。

各大水系或者区域的点位（断面），属于国家级环境监测网。

第十一条 环境保护部门所属环境监测机构按照其所属的环境保护部门级别，分为国家级、省级、市级、县级四级。

上级环境监测机构应当加强对下级环境监测机构的业务指导和技术培训。

第十二条 环境保护部门所属环境监测机构应当具备与所从事的环境监测业务相适应的能力和条件，并按照经批准的环境保护规划规定的要求和时限，逐步达到国家环境监测能力建设标准。

环境保护部门所属环境监测机构从事环境监测的专业技术人员，应当进行专业技术培训，并经国家环境保护总局统一组织的环境监测岗位考试考核合格，方可上岗。

第十三条 县级以上环境保护部门应当对本行政区域内的环境监测质量进行审核和检查。

各级环境监测机构应当按照国家环境监测技术规范进行环境监测，并建立环境监测质量管理体系，对环境监测实施全过程质量管理，并对监测信息的准确性和真实性负责。

第十四条 县级以上环境保护部门应当建立环境监测数据库，对环境监测数据实行信息化管理，加强环境监测数据收集、整理、分析、储存，并按照国家环境保护总局的要求定期将监测数据逐级报上一级环境保护部门。

各级环境保护部门应当逐步建立环境监测数据信息共享制度。

第十五条 环境监测工作，应当使用统一标志。

环境监测人员佩戴环境监测标志，环境监测站点设立环境监测标志，环境监测车辆印制环境监测标志，环境监测报告附具环境监测标志。

环境监测统一标志由国家环境保护总局制定。

第十六条 任何单位和个人不得损毁、盗窃环境监测设施。

第十七条 县级以上环境保护部门应当协调有关部门,将环境监测网建设投资、运行经费等环境监测工作所需经费全额纳入同级财政年度经费预算。

第十八条 县级以上环境保护部门及其工作人员、环境监测机构及环境监测人员有下列行为之一的,由任免机关或者监察机关按照管理权限依法给予行政处分;涉嫌犯罪的,移送司法机关依法处理:

(一) 未按照国家环境监测技术规范从事环境监测活动的;

(二) 拒报或者两次以上不按照规定的时限报送环境监测数据的;

(三) 伪造、篡改环境监测数据的;

(四) 擅自对外公布环境监测信息的。

第十九条 排污者拒绝、阻挠环境监测工作人员进行环境监测活动或者弄虚作假的,由县级以上环境保护部门依法给予行政处罚;构成违反治安管理行为的,由公安机关依法给予治安处罚;构成犯罪的,依法追究刑事责任。

第二十条 损毁、盗窃环境监测设施的,县级以上环境保护部门移送公安机关,由公安机关依照《治安管理处罚法》的规定处 10 日以上 15 日以下拘留;构成犯罪的,依法追究刑事责任。

第二十一条 排污者必须按照县级以上环境保护部门的要求和国家环境监测技术规范,开展排污状况自我监测。

排污者按照国家环境监测技术规范,并经县级以上环境保护部门所属环境监测机构检查符合国家规定的能力要求和技术条件的，其监测数据作为核定污染物排放种类、数量的依据。

不具备环境监测能力的排污者，应当委托环境保护部门所属环境监测机构或者经省级环境保护部门认定的环境监测机构进行监测；接受委托的环境监测机构所从事的监测活动，所需经费由委托方承担，收费标准按照国家有关规定执行。

经省级环境保护部门认定的环境监测机构，是指非环境保护部门所属的、从事环境监测业务的机构，可以自愿向所在地省级环境保护部门申请证明其具备相适应的环境监测业务能力认定，经认定合格者，即为经省级环境保护部门认定的环境监测机构。

经省级环境保护部门认定的环境监测机构应当接受所在地环境保护部门所属环境监测机构的监督检查。

第二十二条　辐射环境监测的管理，参照本办法执行。

第二十三条　本办法自 2007 年 9 月 1 日起施行。

全国污染源普查条例

中华人民共和国国务院令

第 508 号

现公布《全国污染源普查条例》，自公布之日起施行。

总理 温家宝

二〇〇七年十月九日

第一章 总 则

第一条 为了科学、有效地组织实施全国污染源普查，保障污染源普查数据的准确性和及时性，根据《中华人民共和国统计法》和《中华人民共和国环境保护法》，制定本条例。

第二条 污染源普查的任务是，掌握各类污染源的数量、行业和地区分布情况，了解主要污染物的产生、排放和处理情况，建立健全重点污染源档案、污染源信息数据库和环境统计平台，为制定经济社会发展和环境保护政策、规划提供依据。

第三条 本条例所称污染源，是指因生产、生活和其他活动向环境排放污染物或者对环境产生不良影响的场所、设施、装置以及其他污染发生源。

第四条 污染源普查按照全国统一领导、部门分工协作、地方分级负责、各方共同参与的原则组织实施。

第五条 污染源普查所需经费，由中央和地方各级人民政府共同负担，并列入相应年度的财政预算，按时拨付，确保足额到位。

污染源普查经费应当统一管理，专款专用，严格控制支出。

第六条 全国污染源普查每 10 年进行 1 次，标准时点为普查年份的 12 月 31 日。

第七条 报刊、广播、电视和互联网等新闻媒体，应当及时开展污染源普查工作的宣传报道。

第二章 污染源普查的对象、范围、内容和方法

第八条 污染源普查的对象是中华人民共和国境内有污染源的单位和个体经营户。

第九条 污染源普查对象有义务接受污染源普查领导小组办公室、普查人员依法进行的调查，并如实反映情况，提供有关资料，按照要求填报污染源普查表。

污染源普查对象不得迟报、虚报、瞒报和拒报普查数据；不

得推诿、拒绝和阻挠调查；不得转移、隐匿、篡改、毁弃原材料消耗记录、生产记录、污染物治理设施运行记录、污染物排放监测记录以及其他与污染物产生和排放有关的原始资料。

第十条　污染源普查范围包括：工业污染源，农业污染源，生活污染源，集中式污染治理设施和其他产生、排放污染物的设施。

第十一条　工业污染源普查的主要内容包括：企业基本登记信息，原材料消耗情况，产品生产情况，产生污染的设施情况，各类污染物产生、治理、排放和综合利用情况，各类污染防治设施建设、运行情况等。

农业污染源普查的主要内容包括：农业生产规模，用水、排水情况，化肥、农药、饲料和饲料添加剂以及农用薄膜等农业投入品使用情况，秸秆等种植业剩余物处理情况以及养殖业污染物产生、治理情况等。

生活污染源普查的主要内容包括：从事第三产业的单位的基本情况和污染物的产生、排放、治理情况，机动车污染物排放情况，城镇生活能源结构和能源消费量，生活用水量、排水量以及污染物排放情况等。

集中式污染治理设施普查的主要内容包括：设施基本情况和运行状况，污染物的处理处置情况，渗滤液、污泥、焚烧残渣和废气的产生、处置以及利用情况等。

第十二条　每次污染源普查的具体范围和内容，由国务院批准的普查方案确定。

第十三条　污染源普查采用全面调查的方法，必要时可以采用抽样调查的方法。

污染源普查采用全国统一的标准和技术要求。

第三章　污染源普查的组织实施

第十四条　全国污染源普查领导小组负责领导和协调全国污染源普查工作。

全国污染源普查领导小组办公室设在国务院环境保护主管部门，负责全国污染源普查日常工作。

第十五条　县级以上地方人民政府污染源普查领导小组，按照全国污染源普查领导小组的统一规定和要求，领导和协调本行政区域的污染源普查工作。

县级以上地方人民政府污染源普查领导小组办公室设在同级环境保护主管部门，负责本行政区域的污染源普查日常工作。

乡（镇）人民政府、街道办事处和村（居）民委员会应当广泛动员和组织社会力量积极参与并认真做好污染源普查工作。

第十六条　县级以上人民政府环境保护主管部门和其他有关部门，按照职责分工和污染源普查领导小组的统一要求，做好污染源普查相关工作。

第十七条　全国污染源普查方案由全国污染源普查领导小组办公室拟订，经全国污染源普查领导小组审核同意，报国务院批准。

全国污染源普查方案应当包括：普查的具体范围和内容、普查的主要污染物、普查方法、普查的组织实施以及经费预算等。

拟订全国污染源普查方案，应当充分听取有关部门和专家的意见。

第十八条　全国污染源普查领导小组办公室根据全国污染源普查方案拟订污染源普查表，报国家统计局审定。

省、自治区、直辖市人民政府污染源普查领导小组办公室，可以根据需要增设本行政区域污染源普查附表，报全国污染源普查领导小组办公室批准后使用。

第十九条　在普查启动阶段，污染源普查领导小组办公室应当进行单位清查。

县级以上人民政府机构编制、民政、工商、质检以及其他具有设立审批、登记职能的部门，应当向同级污染源普查领导小组办公室提供其审批或者登记的单位资料，并协助做好单位清查工作。

污染源普查领导小组办公室应当以本行政区域现有的基本单位名录库为基础，按照全国污染源普查方案确定的污染源普查的具体范围，结合有关部门提供的单位资料，对污染源逐一核实清查，形成污染源普查单位名录。

第二十条　列入污染源普查范围的大、中型工业企业，应当明确相关机构负责本企业污染源普查表的填报工作，其他单位应当指定人员负责本单位污染源普查表的填报工作。

第二十一条　污染源普查领导小组办公室可以根据工作需要，聘用或者从有关单位借调人员从事污染源普查工作。

污染源普查领导小组办公室应当与聘用人员依法签订劳动合同，支付劳动报酬，并为其办理社会保险。借调人员的工资由原单位支付，其福利待遇保持不变。

第二十二条　普查人员应当坚持实事求是，恪守职业道德，具有执行普查任务所需要的专业知识。

污染源普查领导小组办公室应当对普查人员进行业务培训，对考核合格的颁发全国统一的普查员工作证。

第二十三条　普查人员依法独立行使调查、报告、监督和检查的职权，有权查阅普查对象的原材料消耗记录、生产记录、污染物治理设施运行记录、污染物排放监测记录以及其他与污染物产生和排放有关的原始资料，并有权要求普查对象改正其填报的污染源普查表中不真实、不完整的内容。

第二十四条　普查人员应当严格执行全国污染源普查方案，不得伪造、篡改普查资料，不得强令、授意普查对象提供虚假普查资料。

普查人员执行污染源调查任务，不得少于2人，并应当出示普查员工作证；未出示普查员工作证的，普查对象可以拒绝接受调查。

第二十五条　普查人员应当依法直接访问普查对象，指导普查对象填报污染源普查表。污染源普查表填写完成后，应当由普查对象签字或者盖章确认。普查对象应当对其签字或者盖章的普查资料的真实性负责。

污染源普查领导小组办公室对其登记、录入的普查资料与普查对象填报的普查资料的一致性负责，并对其加工、整理的普查资料的准确性负责。

污染源普查领导小组办公室在登记、录入、加工和整理普查资料过程中，对普查资料有疑义的，应当向普查对象核实，普查对象应当如实说明或者改正。

第二十六条　各地方、各部门、各单位的负责人不得擅自修改污染源普查领导小组办公室、普查人员依法取得的污染源普查资料；不得强令或者授意污染源普查领导小组办公室、普查人员伪造或者篡改普查资料；不得对拒绝、抵制伪造或者篡改普查资料的普查人员打击报复。

第四章　数据处理和质量控制

第二十七条　污染源普查领导小组办公室应当按照全国污染源普查方案和有关标准、技术要求进行数据处理，并按时上报普查数据。

第二十八条　污染源普查领导小组办公室应当做好污染源普查数据备份和数据入库工作，建立健全污染源信息数据库，并加强日常管理和维护更新。

第二十九条　污染源普查领导小组办公室应当按照全国污染源普查方案，建立污染源普查数据质量控制岗位责任制，并对普查中的每个环节进行质量控制和检查验收。

污染源普查数据不符合全国污染源普查方案或者有关标准、技术要求的，上一级污染源普查领导小组办公室可以要求下一级污染源普查领导小组办公室重新调查，确保普查数据的一致性、真实性和有效性。

第三十条　全国污染源普查领导小组办公室统一组织对污染源普查数据的质量核查。核查结果作为评估全国或者各省、自治区、直辖市污染源普查数据质量的重要依据。

污染源普查数据的质量达不到规定要求的，有关污染源普查领导小组办公室应当在全国污染源普查领导小组办公室规定的时间内重新进行污染源普查。

第五章　数据发布、
资料管理和开发应用

第三十一条　全国污染源普查公报，根据全国污染源普查领导小组的决定发布。

地方污染源普查公报，经上一级污染源普查领导小组办公室核准发布。

第三十二条　普查对象提供的资料和污染源普查领导小组办公室加工、整理的资料属于国家秘密的，应当注明秘密的等级，并按照国家有关保密规定处理。

污染源普查领导小组办公室、普查人员对在污染源普查中知悉的普查对象的商业秘密，负有保密义务。

第三十三条　污染源普查领导小组办公室应当建立污染源普查资料档案管理制度。污染源普查资料档案的保管、调用和移交应当遵守国家有关档案管理规定。

第三十四条　国家建立污染源普查资料信息共享制度。

污染源普查领导小组办公室应当在污染源信息数据库的基础上，建立污染源普查资料信息共享平台，促进普查成果的开发和应用。

第三十五条　污染源普查取得的单个普查对象的资料严格限定用于污染源普查目的，不得作为考核普查对象是否完成污染物总量削减计划的依据，不得作为依照其他法律、行政法规对普查对象实施行政处罚和征收排污费的依据。

第六章　表彰和处罚

第三十六条　对在污染源普查工作中做出突出贡献的集体和

个人，应当给予表彰和奖励。

第三十七条 地方、部门、单位的负责人有下列行为之一的，依法给予处分，并由县级以上人民政府统计机构予以通报批评；构成犯罪的，依法追究刑事责任：

（一）擅自修改污染源普查资料的；

（二）强令、授意污染源普查领导小组办公室、普查人员伪造或者篡改普查资料的；

（三）对拒绝、抵制伪造或者篡改普查资料的普查人员打击报复的。

第三十八条 普查人员不执行普查方案，或者伪造、篡改普查资料，或者强令、授意普查对象提供虚假普查资料的，依法给予处分。

污染源普查领导小组办公室、普查人员泄露在普查中知悉的普查对象商业秘密的，对直接负责的主管人员和其他直接责任人员依法给予处分；对普查对象造成损害的，应当依法承担民事责任。

第三十九条 污染源普查对象有下列行为之一的，污染源普查领导小组办公室应当及时向同级人民政府统计机构通报有关情况，提出处理意见，由县级以上人民政府统计机构责令改正，予以通报批评；情节严重的，可以建议对直接负责的主管人员和其他直接责任人员依法给予处分：

（一）迟报、虚报、瞒报或者拒报污染源普查数据的；

（二）推诿、拒绝或者阻挠普查人员依法进行调查的；

（三）转移、隐匿、篡改、毁弃原材料消耗记录、生产记录、污染物治理设施运行记录、污染物排放监测记录以及其他与污染物产生和排放有关的原始资料的。

单位有本条第一款所列行为之一的，由县级以上人民政府统计机构予以警告，可以处 5 万元以下的罚款。

个体经营户有本条第一款所列行为之一的，由县级以上人民政府统计机构予以警告，可以处 1 万元以下的罚款。

第四十条　污染源普查领导小组办公室应当设立举报电话和信箱，接受社会各界对污染源普查工作的监督和对违法行为的检举，并对检举有功的人员依法给予奖励，对检举的违法行为，依法予以查处。

第七章　附　则

第四十一条　军队、武装警察部队的污染源普查工作，由中国人民解放军总后勤部按照国家统一规定和要求组织实施。

新疆生产建设兵团的污染源普查工作，由新疆生产建设兵团按照国家统一规定和要求组织实施。

第四十二条　本条例自公布之日起施行。

国家环境保护重点实验室管理办法

关于印发《国家环境保护重点实验室管理办法》的通知
环发〔2004〕138 号

各省、自治区、直辖市环境保护局（厅），有关直属单位，双重领导科研院所，国家环境保护重点实验室：

为了加强环境保护科学研究，增强环境科技创新能力，促进科技体制改革，根据环境保护事业发展的需要，我局有重点、有步骤地开展了国家环境保护重点实验室建设工作。为了加强我局重点实验室的建设、运行和管理，现将重新修订的《国家环境保护重点实验室管理办法》印发你们，请认真贯彻执行。

二〇〇四年九月三十日

第一章　总　则

第一条　为了加强和规范国家环境保护重点实验室（以下称

重点实验室）的建设与运行管理，促进重点实验室的持续健康发展，制订本办法。

第二条　重点实验室是国家环境保护科技创新体系的重要组成部分，是国家组织环境科学基础研究和应用基础研究、聚集和培养优秀科技人才、开展学术交流的重要基地。

第三条　国家环境保护总局（以下称环保总局）建设重点实验室的目的是：促进环境科学技术的发展，开展创新性研究，解决环境保护的重大科技问题，为实现国家环境保护目标和可持续发展，提供科学理论与技术支持。

第四条　环保总局根据环境保护事业发展的需要和国家环境科技中长期规划，编制重点实验室建设规划；通过组织申报或者招投标等形式有重点、有步骤地实施重点实验室建设规划。

第二章　主要任务

第五条　承担国家环境保护基础研究与应用基础研究项目，解决环境保护重大和关键性难题。

第六条　建设与发展环境科学重点学科和新兴学科，获取原始创新成果和自主知识产权。

第七条　培养和造就高水平的环境保护学术带头人，培训环境保护科学技术人员。

第八条　开展环境保护国际合作、学术研讨和专题交流，掌握国内外科学技术发展动向，向环保总局提供相关领域科技发展报告，向社会提供咨询服务。

第九条 参与国家环境规划、法规、政策、标准的制订和修订工作。

第十条 受环保总局委托，为国家环境管理、监督与决策提供科学技术支持和服务。

第三章 申报条件和报批程序

第十一条 凡从事环境科学基础研究与应用基础研究，并在某一环境科研领域处于国际或国内领先地位的科研院所和高等院校单位法人可申请建设重点实验室。

第十二条 申请建设重点实验室的单位应该具备下列条件：

1. 有明确的研究方向和中、远期科研目标，学科方向属于环境科学发展前沿或优先发展领域，符合环保总局重点实验室建设规划；有坚实的学科基础，有原始创新能力，有承担国家重大科研任务的能力和业绩。

2. 有较高水平的学科带头人和结构比较合理的科学研究队伍，具有培养高级研究人才的能力。

3. 具有良好的管理及运行机制并建立了相关制度，具备良好的科学研究实验条件，包括必要的实验设施、仪器装备和技术支撑条件。

4. 学术思想活跃，学术气氛良好，具备进行国内外学术交流与合作的基本条件和能力。

5. 有建设重点实验室的积极性，能够保障重点实验室开展工作。

第十三条 报批程序

1. 凡符合重点实验室申报范围及条件的单位，可自愿填报《国家环境保护重点实验室建设申请书》（以下称《申请书》，编写提纲见附件一）。环保总局直属科研院所可直接上报环保总局；国家部委和环保总局双重领导的科研院所、国家有关部门直属院所、高等院校要通过主管部门上报环保总局；省、自治区、直辖市或重点城市管理的环保科研院所要通过所在省、自治区、直辖市环境保护局（厅）审查后择优上报环保总局。

2. 环保总局对受理的《申请书》进行初步审查、筛选和考察，提出审查意见和初步立项计划。

3. 纳入立项计划的申请单位填报《国家环境保护重点实验室建设计划任务书》（以下称《计划任务书》，编写提纲见附件二）。

4. 环保总局组织由专家和管理人员组成的论证委员会，对《计划任务书》进行现场考察和论证；论证委员会中以相关领域科研人员为主，论证委员会要提交论证意见。

5. 通过论证的《计划任务书》，经环保总局批准，申请单位按《计划任务书》组织实施。

6. 申请单位在申请时应明确该重点实验室建设管理的依托单位。

第四章　建设与验收

第十四条　重点实验室建设期一般不超过2年。

第十五条　依托单位负责重点实验室建设经费，解决重点实验室用房及水、电、气等配套条件。

第十六条　环保总局在有条件的情况下支持重点实验室仪器设备购置，以改善实验条件。

第十七条　重点实验室在建设过程中，若需对原计划内容进行实质性调整，须上报环保总局，必要时组织专家重新论证，经批准后方可实施调整计划。

第十八条　环保总局对重点实验室建设进行定期检查，适时处理建设中的问题。对于组织建设不力或科研方向发生重大变化的项目，应及时通知依托单位调整或终止计划的执行。

第十九条　依托单位按计划完成重点实验室建设任务后，应编写《重点实验室建设总结报告》等验收文件，由主管部门向环保总局提出验收申请。

第二十条　环保总局组织验收委员会按照验收提纲（附件三）进行验收。通过验收的重点实验室，环保总局予以命名和授牌。

第二十一条　对不能按期进行验收或者未通过验收的重点实验室，环保总局根据实际情况责成依托单位采取措施限期进行整改或者终止建设。

第五章　运行与管理

第二十二条　环保总局科技标准司指导和管理重点实验室工作，环保总局有关司（局）会同科技标准司指导重点实验室的相关业务，依托单位具体负责重点实验室建设和运行管理。

第二十三条　重点实验室要成为相对独立的科研实体，实行依托单位领导下的主任负责制；建立"开放、流动、联合、竞争"

的运行机制，鼓励体制创新和机制创新。

第二十四条 重点实验室主任由依托单位推荐，征得环保总局同意后，由依托单位聘任，每届任期 3 年，可以连任。主任要全面负责重点实验室的科学研究、学术活动、人员聘任、财务支出等管理工作。依托单位对任职期间需外出超过半年以上的重点实验室主任，应及时调整。重点实验室主任可根据工作需要提名 1 到 2 名副主任，由依托单位聘任，在科研、学术交流、外事、行政管理等方面协助其工作。

第二十五条 重点实验室设立独立的学术委员会。学术委员会是重点实验室的学术指导机构，主要职能是把握重点实验室的研究方向，审议重大学术活动和科研计划，审批开放研究课题。学术委员会每年至少召开一次会议，其会议纪要应当作为重点实验室年度总结报告的重要附件。

学术委员会由国内外优秀专家 9—11 人组成，其成员由依托单位聘任，每届任期 3 年，可以连任；其中本重点实验室和依托单位的学术委员不超过总人数的三分之一，中青年学术委员不少于三分之一。

第二十六条 依托单位应根据精干、高效的原则核定重点实验室的人员编制，固定人员由重点实验室主任提名，依托单位聘任，应注意稳定一支高水平的科研与技术支持队伍。流动的研究人员由学科带头人根据课题的实际情况，在征得重点实验室主任同意后聘任，报依托单位备案。

第二十七条 重点实验室的事业费和运行经费由依托单位解决；重点实验室应当凭借自己的研究水平和工作质量多渠道争取经费，利用各种形式，对研究开发的科研成果和技术加以推广，增强自我发展能力。

第二十八条 环保总局从研究项目和任务上择优支持建设和运行良好的重点实验室。

第二十九条 重点实验室的仪器设备实行统一管理、开放使用。

第三十条 重点实验室应当向国内外开放，吸引优秀科技人才作为客座研究人员开展合作研究。

第三十一条 重点实验室应当采取网络、研讨会、专题报告等多种形式介绍相关领域学科的发展，宣传科技成果与业绩，促进重点实验室发展和环境科学的普及。

第三十二条 依托单位每年应当向环保总局报送重点实验室工作总结。

第三十三条 环保总局每隔3年对重点实验室在科学研究、人才培养、对外开放和科研管理等方面进行评估，评估结果予以通报。

对综合评估排序处于前列并且分数为优秀的重点实验室，环保总局给予表彰和重点支持。

对综合评估排序处于末位并且分数为不合格的重点实验室，给予警告并限期整改，整改后经评估仍不合格，取消其重点实验室的命名。

第六章 附 则

第三十四条 重点实验室命名统一为"国家环境保护XXX重点实验室"，英文名称为："State Environmental Protection Key Laboratory of XXX"。各重点实验室可据此按照批复文件刻制印章。

第三十五条 本办法自发布之日起实行。原《国家环境保护局重点实验室管理规则》同时废止。

第三十六条 本办法由环保总局负责解释。

附件一：《国家环境保护重点实验室建设申请书》编写提纲（略）

附件二：《国家环境保护重点实验室建设计划任务书》编写提纲（略）

附件三：国家环境保护重点实验室验收提纲（略）

环境保护产品认定管理办法

关于公布《环境保护产品认定管理办法》的通知

环发〔2001〕203号

各省、自治区、直辖市环境保护局（厅）：

为适应我国加入 WTO 后的形势要求，按照国务院法制办公室《关于适应我国入世进程尽快完成部门规章的立改废工作的通知》的规定，我局对原《环境保护产品认定管理暂行办法》进行了修改，现将修订后的《环境保护产品认定管理办法》予以公布，自 2002 年 1 月 1 日起施行。

二〇〇一年十二月二十三日

第一章　总　则

第一条　为提高环境保护投资效益、推动环境保护产业技术进步，促进国内外环境技术贸易的发展，有效地开展环境保护产品认定工作，制定本方法。

第二条 环境保护产品认定（以下简称认定）是依据环境保护产品认定技术要求和产品质量标准，经认定机构确认并通过颁布环境保护产品认定证书和标志，证明某一产品符合相应标准和环境保护要求的活动。

第三条 本办法所称环境保护产品是指用于防治环境污染、改善生态环境、保护自然资源的设备、环境监测专用仪器和相关的药剂、材料。

第四条 环境保护产品认定实行第三方认证，采取自愿、公开、公正、透明、非岐视的原则。凡列入环境保护产品认定种类名录的产品，境内外生产企业或代理商均可自愿申请环境保护产品认定。

第五条 国务院环境保护行政主管部门依据环境保护工作发展的需要，发布认定指南、环境保护产品认定技术要求和认定种类名录，规定认定标志的图形式样，指导并监督环境保护产品认定工作。

第二章 认定机构和检测机构

第六条 国务院环境保护行政主管部门对环境保护产品认定机构和检测机构实行资格审查制度。

第七条 从事环境保护产品认定的机构应是被公认独立于供方和购买方的第三方机构，并应具备以下基本条件：

（一）具有独立法人资格；

（二）具有从事环境保护产品认定的专职技术人员；

（三）具备从事环境保护产品认定活动所需的资金、设施、固定工作场所及其它必要的工作条件。

第八条　检测机构应具备以下基本条件：

（一）法人组织或法人组织的分支机构；

（二）符合检测机构的法定条件和具备出具公正数据的资格；

（三）具备从事环境保护产品检测的仪器、设备和人员条件，建有完整的质量管理体系。

第三章　申请认定的条件

第九条　申请环境保护产品认定的企业应具备的条件：

（一）具有独立法人资格；

（二）有齐备的生产条件和必要的检测手段；

（三）有健全的企业质量管理体系；

（四）生产过程满足环境保护要求；

（五）申请日前一年内，申请企业未受到当地环境保护保护行政主管部门的处罚。

第十条　申请认定的产品应具备的条件：

（一）属于环境保护产品认定种类名录中的产品；

（二）符合环境保护产品认定技术要求和产品质量标准；

（三）能正常批量生产，各项技术指标稳定；

（四）符合国家产业政策，不属于限制使用或即将淘汰的产品；

（五）工业产权或专有技术权属明确。

第四章 认定程序

第十一条 申请认定的企业，应按认定种类名录向认定机构提出书面申请，并提交下列资料：

（一）工商行政管理部门核发的有效营业执照复印件；

（二）申请认定产品的工业产权或专有技术权属明确；

（三）申请认定产品执行的现行标准文本；

（四）申请认定产品的用户名录及用户意见；

（五）具备资质的检测机构出具的一年内的产品检测报告；

（六）申请企业所在地环境保护行政主管部门出具的申请日前一年内未受环境保护处罚的证明；

（七）其它申报资料。

境外企业或代理商提交的申请书及资料应有中英文对照。

第十二条 认定机构应在30日内审查申报材料，决定受理认定申请后，向企业发出受理认定申请通知。

第十三条 认定机构组织对申请认定企业进行现场检查，并对申请认定的产品随机抽样，送检测机构检测。

第十四条 检测机构应依据环境保护产品认定技术要求或标准对样品进行检测，并向认定机构提交检测报告。

第十五条 认定机构对企业申请资料、现场检查报告、产品检测报告等进行审查，对通过认定的产品签发环境保护产品认定证书并报国家环境保护行政主管部门备案。

第十六条 对未受理或未通过认定的产品，认定机构应在30天向申请企业发出通知并说明原因。

第五章　认定证书、标志的
使用和管理

第十七条　获得认定证书的企业不得涂改、滥用、转让认定证书和标志。在认定证书有效期内，可以在认定产品的包装、说明书及广告宣传中使用认定证书和标志。

第十八条　使用认定标志时，应在标志图形的下方同时标印认定证书号，可根据需要等比例放大或缩小，但不得变形、变色。

第十九条　认定证书有效期为三年，获证企业可在认定证书期满前 90 天，向认定机构提出延期申请。认定机构对复审合格的产品签发新的认定证书。

第二十条　认定证书超过有效期或者其它原因获证企业需要重新申请认定时，其程序与初次申请认定程序相同。

第二十一条　获证企业有下列情况之一的，认定机构应暂停使用认定证书和标志，并责令其限期整改：

（一）不能保证获证产品符合环境保护产品认定技术要求和产品质量标准的；

（二）转让认定证书的。

第二十二条　获证企业有下列情况之一的，由认定机构收回认定证书，责令停止使用认定标志：

（一）在暂停使用认定证书期限内，不能按要求改正的；

（二）涂改、滥用认定证书或弄虚作假，伪造文件、资料的；

（三）不再生产获得认定的环境保护产品或产品型号、规格发生变更的；

（四）使用新的注册商标或产品名称的。

第六章　监督管理

第二十三条　获得认定的产品，各地方环境保护行政主管部门不得重复认定或以其它名义收取费用。

第二十四条　获认定产品的生产企业应搞好产品售后服务，对达不到认定技术要求和产品质量的，产品生产企业应负责产品改进、更换，或赔偿相应的经济损失。否则，认定机构应暂停使用或撤销产品认定证书。

第二十五条　用户对获得认定的产品在使用中出现质量问题，可直接向产品生产企业反映，并提出改进要求，产品生产企业拒不承担责任的，也可向认定机构投诉，认定机构应在 30 天内调查、核实并处理。

第二十六条　认定机构及其工作人员，必须严格遵守本办法的规定，坚持公平、公开、科学的原则，认真履行职责。

第二十七条　检测机构及其工作人员应坚持科学、准确、真实的原则，按照规定的检测方法、检测程序和检测范围进行检测。

第二十八条　认定和检测机构应按照有关规定收费并不得向申请企业提出超出其工作范围以外的任何要求。

第二十九条　从事认定及检测工作的机构和人员若有徇私舞弊、弄虚作假，不能保持公正，泄露认定产品的技术秘密，非法占有申请人的技术成果等违法失职行为的，由上级主管部门视情节轻重，责令其限期整改或停止从事与认定相关的工作。构成犯罪的由司法机关依法追究刑事责任。

第三十条 有下列情况之一时，企业和用户可向认定机构提出申诉：

（一）符合认定条件要求，但认定机构不予受理申请；

（二）对检查、检测或暂停、撤销认定证书有异议；

（三）认定机构、检测机构或其工作人员有违规行为；

（四）认定工作违章收费；

（五）用户对获证产品有异议。

第三十一条 认定机构应对申诉进行调查处理并给予答复。对处理结果有异议者可向国务院环境保护行政主管部门投诉。

第七章 附 则

第三十二条 环境保护产品认定收费，参照国家计委、国家质量技术监督局〔1999〕计价格1610号《产品质量认证收费管理办法》执行。

第三十三条 本办法由国务院环境保护行政主管部门负责解释。

为保障本办法的贯彻实施，可制订相应的实施细则。

第三十四条 本办法自2002年1月1日起施行。

国家环境保护技术评价与
示范管理办法

关于发布《国家环境保护技术评价与示范管理办法》的通知

环发〔2009〕58号

各省、自治区、直辖市环境保护厅（局），新疆生产建设兵团环境保护局：

为促进环境保护技术进步，增强环境管理决策的科学性，提高环境保护投资效益，规范环境保护技术评价与示范等活动，依据《中华人民共和国环境保护法》和《国务院关于落实科学发展观加强环境保护的决定》的有关规定，我部制定了《国家环境保护技术评价与示范管理办法》。现予以发布，请遵照执行。

二〇〇九年五月二十五日

第一章　总　则

第一条　为促进环境保护技术进步，提高环境管理决策的科学性和环境保护投资效益，引导先进、成熟的环境保护技术应用，建立健全环境保护技术评价与示范制度，规范环境保护技术评价与示范等活动，依据《中华人民共和国环境保护法》和《国务院关于落实科学发展观加强环境保护的决定》的有关规定，制定本办法。

第二条 本办法适用于环境保护行政主管部门组织开展的环境保护技术评价与示范活动的管理。

利用中央或地方财政资金补助以及其他列入环境保护行政主管部门管理的环境保护技术示范项目应当按本办法进行管理。

第三条 本办法所称环境保护技术是指污染治理、生态修复、清洁生产、循环经济等污染防治技术和所依托的产品及装备，环境监测技术和产品。

第四条 环境保护技术评价是指按照规定的程序、方法，对环境保护技术的水平、可靠性、环境和经济效益以及风险等所进行的评估、验证、论证、评审等活动。

第五条 环境保护技术示范（以下简称《技术示范》）是指根据环境保护工作需要，依据《国家先进环境保护技术示范名录》（以下简称《示范名录》），按照规定的程序批准，利用中央或地方财政资金补助或企业单位自筹资金纳入环境保护行政主管部门管理，对污染防治新技术、新工艺，以及资源综合利用率高、污染物产生量少的清洁生产技术、工艺进行工程应用示范的活动。

第六条 国家环境保护行政主管部门负责全国环境保护技术评价、技术示范工作的组织管理、指导、协调和监督。其主要职责是：

（一）建立国家环境保护技术评价、技术示范制度，培育适应环境保护管理要求的环境保护技术评价、技术示范机制；

（二）发布国家环境保护技术评价、技术示范实施细则、指南、规范等指导性技术文件；

（三）制订发布《国家鼓励应用的环境保护技术目录》（以下简称《鼓励目录》）和《示范名录》；

（四）负责组织技术示范项目的筛选、评审，进行项目管理等工作；

（五）负责省级以上技术评价机构的业务委托及指导；

（六）组织开展环境保护技术评价、技术示范相关的国际合作和交流。

第七条 省、自治区、直辖市环境保护行政主管部门负责本辖区环境保护技术评价、技术示范项目的组织、协调和管理工作，其主要职责是：

（一）负责组织申报和初审，并向国家环境保护行政主管部门推荐本地区《鼓励目录》、《示范名录》的依托技术；

（二）负责组织申报、初审、推荐本地区技术示范项目；

（三）负责对国家确定的技术示范项目的日常监督管理并配合国家环境保护行政主管部门对项目执行情况进行跟踪检查；

（四）负责本地区技术示范项目的筛选、立项及项目管理与验收等工作；

（五）负责管理本辖区环境保护技术的评价工作。

第二章 技术评价

第八条 环境保护行政主管部门在开展与环境保护技术相关

的管理工作或项目审批时，应当以环境保护技术评价的结果作为依据。下列情况应当进行技术评价：

（一）《鼓励目录》、《示范名录》和环境保护奖励等依托的技术；

（二）中央或地方财政资金支持的污染防治新技术、新工艺示范项目的依托技术；

（三）中央或地方财政资金支持的各类环境保护规划实施及重点流域、区域环境污染综合治理，重点节能减排和污染治理工程等需要进行评价的依托技术；

（四）制订各类污染防治技术政策、指南、导则、规范等为环境管理服务的环境保护技术指导类文件依托的主要技术；

（五）中央或地方财政资金支持的环境保护技术成果转化立项、贷款、投资过程中需要进行评价的技术；

（六）利用国家或地方财政资金资助，拟采用的已完成中试或工业化试验，具有产业化前景的新技术、新工艺和新产品，或拟引进的境外环境保护技术、产品或装备；

（七）法律、法规要求进行评价的技术。

第九条 环境保护行政主管部门应当根据工作需要委托评价机构或评价专家委员会（评价专家组）进行技术评价。技术评价一般分为单项技术综合评价、新技术验证评价和同类技术筛选评价三类：

（一）对单项现有技术，应当委托评价机构对其技术的先进性、有效性、可靠性、经济性、应用前景、适用范围、技术和市场风险，以及存在问题等进行综合评价；

（二）对已完成中试或工业化试验，具有产业化前景的单项新技术、新工艺和新产品以及利用财政资金从境外引进的技术、工艺和产品，应当委托评价机构对其技术经济性能进行以试验验证为主要内容的验证评价；

（三）对同一应用领域或同一技术原理的多种技术，应当在单项技术综合评价或验证评价的基础上，按应用或技术领域组织或委托评价专家委员会（评价专家组）对其技术经济性能进行筛选评价。

第十条 环境保护技术评价应当遵循客观、科学、公正、独立的原则，采取技术、经济和环境效益相结合，定量与定性相结合，专业评价人员与技术专家评价相结合的方式进行。

第十一条 技术持有方（技术依托单位）应当按照评价实施细则、指南、规范等技术文件的要求，提供真实、完整、详实的技术资料，以及经省级以上的环境监测机构出具的监测报告和经省级以上环境监测机构或检测机构出具的技术性能验证检测报告。

第十二条 评价机构或评价专家委员会（评价专家组）在接受评价委托后，应当根据评价指南、规范等技术文件及委托要求，独立开展评价工作。评价工作完成后，应当向下达委托任务的环境保护行政主管部门提交技术评价报告。

对同类技术筛选评价，其评价结果通过专家委员会（评价专家组）会议或通讯方式产生。

第十三条 评价机构或评价专家委员会（评价专家组）应当对评价结果、结论和评价报告的科学性、客观性、真实性负责。

第十四条 评价结论应当明确被评价技术的可行性、适用范围、适用条件，可达到的环境、技术和经济指标，以及存在的技术风险，不得滥用"国内先进"、"国内首创"、"国际领先"、"国际先进"、"填补空白"等抽象用语。

第十五条　环境保护行政主管部门可在不涉及商业秘密、知识产权和国家安全的前提下，将环境保护技术评价结果向社会公布。

环境保护技术评价结果可作为环保科技成果登记、统计、奖励等的依据。

第十六条　由环境保护行政主管部门组织或委托进行的技术评价工作，其评价经费应当列入同级财政预算，由组织、委托评价的环境保护行政主管部门支付。

第十七条　环境保护技术评价实施细则、指南、规范等技术文件由国家环境保护行政主管部门另行制定。

第三章　技术示范

第十八条　国家环境保护行政主管部门根据环境管理决策的需要和环境保护技术发展的情况，在技术评价的基础上，制定发布《鼓励目录》和《示范名录》，并以上述两个目录为基础，组织开展技术示范工作，公布年度技术示范项目。

（一）《鼓励目录》所列技术为经工程实践证明，技术成熟、污染防治效果稳定可靠、经济合理的各类环境保护技术、工艺和产品。《鼓励目录》主要用以指导各级环境保护部门和污染防治用户优先选用成熟可靠的技术；

（二）《示范名录》所列技术为技术工艺方法具有一定创新性，主要技术、经济和环境指标具有先进性，并已基本达到实际工程应用水平的技术。主要包括：污染防治新技术、新工艺的工程化示范，已有技术扩大规模、应用领域示范，引进技术的国产化示范，解决重大环境问题的成套化、集成化的技术示范等。

《示范名录》主要用以指导各级环境保护专项资金及其他财政资金中污染防治新工艺、新技术示范项目的申报和审批，以及企业自筹资金支持示范项目的技术选择。

第十九条 《鼓励目录》、《示范名录》按下列程序制定发布：

（一）国家环境保护行政主管部门制订发布年度申报、推荐指南，向社会征集技术；

（二）技术依托单位按年度申报、推荐指南要求向单位所在地的省级环境保护行政主管部门提出申请，提交申报资料；

（三）省级环境保护行政主管部门对申报资料初审后，提出推荐意见报国家环境保护行政主管部门。其中，对申请列入《示范名录》的技术，应当委托评价机构对申报技术进行综合评价或验证评价，提交技术评价报告；

（四）国家环境保护行政主管部门组织（委托）评价专家委员会（专家组）对申报技术进行筛选评价，制定发布年度《鼓励目录》和《示范名录》。

第二十条 国家环境保护行政主管部门根据环境保护工作的重点及财力，组织实施技术示范工作。

第二十一条 申请国家或地方环境保护专项资金等财政资金支持的污染防治新技术、新工艺示范项目所依托的技术应当符合《示范名录》的规定，项目的申报、推荐和审批，按《排污费资金收缴使用管理办法》等规定执行。

由企业自筹资金开展列入《示范名录》的技术示范项目，可自愿申请纳入国家环境保护行政主管部门技术示范项目管理。

由技术依托和项目示范工程建设单位联合向省级环境保护行政主管部门提出申请，经省级环境保护行政主管部门初审、推荐，报经国家环境保护行政主管部门批准后，列入技术示范项目管理。

第二十二条　在国家环境保护行政主管部门下达示范计划后的三十个工作日内，项目建设单位和技术依托单位应当与国家环境保护行政主管部门或受其委托的机构签订《国家环境保护技术示范项目任务书》（以下简称《示范任务书》）。

第二十三条　示范项目所在地省级环境保护行政主管部门应当对技术示范项目实施情况进行跟踪检查，每年不少于两次。

国家环境保护行政主管部门应当根据各地跟踪检查情况，对技术示范项目执行情况进行不定期抽查，并将抽查结果书面通知省级环境保护行政主管部门。

第二十四条　省级环境保护行政主管部门应当按照本办法第二章综合评价的规定和《示范任务书》的要求，在技术示范项目稳定投运后的三个月内，委托评价机构对项目执行情况进行技术后评价，出具后评价报告。后评价报告应当作为技术示范项目验收的主要依据。

第二十五条　省级环境保护行政主管部门应当在示范项目技术后评价结束后的二十个工作日内，将技术后评价报告报国家环境保护行政主管部门备案。

第二十六条　列入国家及省级环境保护行政主管部门的技术示范项目，工程验收合格并通过后评价的，经省级环境保护行政主管部门推荐、国家环境保护行政主管部门审核通过后，可列入《鼓励目录》。

第二十七条　各级环境保护行政主管部门在下列工作中应优先采用和支持列入《鼓励目录》和通过后评价的示范技术：

（一）建设项目的环境管理、污染源限期治理、节能减排等环境管理活动；

（二）财政资金补助的污染防治项目。

第二十八条　在环境影响评价、环境工程设计等咨询业务中，应当优先采用列入《鼓励目录》和通过后评价的示范技术。

第二十九条　省级以上环境保护行政主管部门应当积极发挥环境保护产业协会、环境科学学会等社会中介组织在环境保护技术推广应用中的作用，推进使用列入《鼓励目录》的技术。

第三十条　各级环境保护行政主管部门应当依据《排污费征收使用管理条例》、《排污费资金收缴使用管理办法》及其他有关规定，按年度从环境保护专项资金中安排规定比例资金支持技术示范工作。

第三十一条　环境保护技术示范实施细则由国家环境保护行政主管部门另行制定。

第四章　机构和人员

第三十二条　根据环境保护技术评价工作的需要，环境保护行政主管部门可依托省级以上环境保护科研院所、国家环境保护工程技术中心等现有机构中具备条件的单位开展评价业务。

评价机构从事的评价业务不受地区限制。

第三十三条　承担技术评价业务的机构应当具备下列基本条件：

（一）拥有专业化的评价队伍。评价人员在专业分布上应与从事的技术评价业务范围相适应；

（二）具备独立处理分析各类评价信息的能力。其中，承担新技术验证评价业务的机构应拥有相应的实验设备、仪器等硬件条件；

（三）设有独立的技术评价部门；

（四）有一定规模的评价咨询专家支持系统。

第三十四条 从事技术评价的人员应当具备下列条件：

（一）熟悉技术评价的基本业务，掌握技术评价的基本原理、方法和技能；

（二）具备大学本科以上学历，所学专业、从事专业与所评价专业一致或接近。从事本专业业务工作不少于四年。其中，评价项目负责人已按国家有关规定取得注册环保工程师执业资格或环境影响评价师职业资格，或具有本专业高级技术职称；

（三）熟悉相关经济、环境保护方面的法律、法规和政策；

（四）具有较强的分析与综合判断能力；

（五）恪守职业道德。

第三十五条 环境保护行政主管部门及开展评价业务的机构应当建立评价专家库。专家应当包括来自研究与发展机构、大学、企业等单位的环境保护技术专家、经济专家和管理专家等，并根据技术发展和评价工作的需要及时更新。

在多技术评价等工作中，评价专家委员会（评价专家组）应当由同行技术专家、经济专家和管理专家组成。同一专业方向专家组成人数一般为5—11人。

第三十六条 评价专家应当具备下列条件：

（一）具有较高的专业知识水平和实践经验、敏锐的洞察力和较强的判断能力，熟悉被评价内容及国内外相关领域的发展状况；

（二）具有良好的资信和科学道德，认真严谨，秉公办事，客观公正，敢于承担责任；

（三）已按国家有关规定取得注册环保工程师执业资格或环境影响评价师职业资格的专业技术人员，以及环境保护技术专家、经济分析专家和管理专家等。

第三十七条 从事环境保护技术评价、技术示范的机构和人员、监测和检测机构和人员，违反本办法规定，造成结果严重失实的，环境保护行政主管部门可视情况责令改正，给予通报批评、终止委托。

第三十八条 技术依托和项目示范工程建设单位在评价过程中提供虚假资料、信息，干扰评价工作独立、客观、公正地开展，造成评价结果严重失实的，环境保护行政主管部门可以分别情况责令改正，给予通报批评、取消被评价资格、终止项目合同。

第三十九条 与被评价对象存在利益关系的评价机构、评价人员、评价专家应当主动回避，不得参加与本单位、本人有利益关系的评价活动。

第五章 附 则

第四十条 省级环境保护行政主管部门可依据本办法，制定本地区技术示范实施细则。

第四十一条 本办法由国家环境保护行政主管部门负责解释。

第四十二条 本办法自发布之日起施行。

中华人民共和国环境影响评价法

中华人民共和国主席令

第四十八号

  《全国人民代表大会常务委员会关于修改〈中华人民共和国节约能源法〉等六部法律的决定》已由中华人民共和国第十二届全国人民代表大会常务委员会第二十一次会议于 2016 年 7 月 2 日通过，现予公布。

  《全国人民代表大会常务委员会关于修改〈中华人民共和国节约能源法〉等六部法律的决定》对《中华人民共和国节约能源法》、《中华人民共和国水法》、《中华人民共和国防洪法》、《中华人民共和国职业病防治法》、《中华人民共和国航道法》所作的修改，自公布之日起施行；对《中华人民共和国环境影响评价法》所作的修改，自 2016 年 9 月 1 日起施行。

中华人民共和国主席　习近平

2016 年 7 月 2 日

(2002年10月28日第九届全国人民代表大会常务委员会第三十次会议通过；根据2016年7月2日第十二届全国人民代表大会常务委员会第二十一次会议《关于修改〈中华人民共和国节约能源法〉等六部法律的决定》修正)

第一章 总 则

第一条 为了实施可持续发展战略，预防因规划和建设项目实施后对环境造成不良影响，促进经济、社会和环境的协调发展，制定本法。

第二条 本法所称环境影响评价，是指对规划和建设项目实施后可能造成的环境影响进行分析、预测和评估，提出预防或者减轻不良环境影响的对策和措施，进行跟踪监测的方法与制度。

第三条 编制本法第九条所规定的范围内的规划，在中华人民共和国领域和中华人民共和国管辖的其他海域内建设对环境有影响的项目，应当依照本法进行环境影响评价。

第四条 环境影响评价必须客观、公开、公正，综合考虑规划或者建设项目实施后对各种环境因素及其所构成的生态系统可能造成的影响，为决策提供科学依据。

第五条 国家鼓励有关单位、专家和公众以适当方式参与环境影响评价。

第六条 国家加强环境影响评价的基础数据库和评价指标体系建设，鼓励和支持对环境影响评价的方法、技术规范进行科学研究，建立必要的环境影响评价信息共享制度，提高环境影响评价的科学性。

国务院环境保护行政主管部门应当会同国务院有关部门，组织建立和完善环境影响评价的基础数据库和评价指标体系。

第二章　规划的环境影响评价

第七条　国务院有关部门、设区的市级以上地方人民政府及其有关部门，对其组织编制的土地利用的有关规划，区域、流域、海域的建设、开发利用规划，应当在规划编制过程中组织进行环境影响评价，编写该规划有关环境影响的篇章或者说明。

规划有关环境影响的篇章或者说明，应当对规划实施后可能造成的环境影响作出分析、预测和评估，提出预防或者减轻不良环境影响的对策和措施，作为规划草案的组成部分一并报送规划审批机关。

未编写有关环境影响的篇章或者说明的规划草案，审批机关不予审批。

第八条　国务院有关部门、设区的市级以上地方人民政府及其有关部门，对其组织编制的工业、农业、畜牧业、林业、能源、水利、交通、城市建设、旅游、自然资源开发的有关专项规划（以下简称专项规划），应当在该专项规划草案上报审批前，组织进行环境影响评价，并向审批该专项规划的机关提出环境影响报告书。

前款所列专项规划中的指导性规划，按照本法第七条的规定进行环境影响评价。

第九条　依照本法第七条、第八条的规定进行环境影响评价的规划的具体范围，由国务院环境保护行政主管部门会同国务院有关部门规定，报国务院批准。

第十条　专项规划的环境影响报告书应当包括下列内容：

（一）实施该规划对环境可能造成影响的分析、预测和评估；

（二）预防或者减轻不良环境影响的对策和措施；

（三）环境影响评价的结论。

第十一条　专项规划的编制机关对可能造成不良环境影响并直接涉及公众环境权益的规划，应当在该规划草案报送审批前，举行论证会、听证会，或者采取其他形式，征求有关单位、专家和公众对环境影响报告书草案的意见。但是，国家规定需要保密的情形除外。

编制机关应当认真考虑有关单位、专家和公众对环境影响报告书草案的意见，并应当在报送审查的环境影响报告书中附具对意见采纳或者不采纳的说明。

第十二条　专项规划的编制机关在报批规划草案时，应当将环境影响报告书一并附送审批机关审查；未附送环境影响报告书的，审批机关不予审批。

第十三条　设区的市级以上人民政府在审批专项规划草案，作出决策前，应当先由人民政府指定的环境保护行政主管部门或者其他部门召集有关部门代表和专家组成审查小组，对环境影响报告书进行审查。审查小组应当提出书面审查意见。

参加前款规定的审查小组的专家，应当从按照国务院环境保护行政主管部门的规定设立的专家库内的相关专业的专家名单中，以随机抽取的方式确定。

由省级以上人民政府有关部门负责审批的专项规划，其环境影响报告书的审查办法，由国务院环境保护行政主管部门会同国务院有关部门制定。

第十四条 审查小组提出修改意见的，专项规划的编制机关应当根据环境影响报告书结论和审查意见对规划草案进行修改完善，并对环境影响报告书结论和审查意见的采纳情况作出说明；不采纳的，应当说明理由。

设区的市级以上人民政府或者省级以上人民政府有关部门在审批专项规划草案时，应当将环境影响报告书结论以及审查意见作为决策的重要依据。

在审批中未采纳环境影响报告书结论以及审查意见的，应当作出说明，并存档备查。

第十五条 对环境有重大影响的规划实施后，编制机关应当及时组织环境影响的跟踪评价，并将评价结果报告审批机关；发现有明显不良环境影响的，应当及时提出改进措施。

第三章　建设项目的环境影响评价

第十六条 国家根据建设项目对环境的影响程度，对建设项目的环境影响评价实行分类管理。

建设单位应当按照下列规定组织编制环境影响报告书、环境影响报告表或者填报环境影响登记表（以下统称环境影响评价文件）：

（一）可能造成重大环境影响的，应当编制环境影响报告书，对产生的环境影响进行全面评价；

（二）可能造成轻度环境影响的，应当编制环境影响报告表，对产生的环境影响进行分析或者专项评价；

（三）对环境影响很小、不需要进行环境影响评价的，应当填报环境影响登记表。

建设项目的环境影响评价分类管理名录，由国务院环境保护行政主管部门制定并公布。

第十七条　建设项目的环境影响报告书应当包括下列内容：

（一）建设项目概况；

（二）建设项目周围环境现状；

（三）建设项目对环境可能造成影响的分析、预测和评估；

（四）建设项目环境保护措施及其技术、经济论证；

（五）建设项目对环境影响的经济损益分析；

（六）对建设项目实施环境监测的建议；

（七）环境影响评价的结论。

环境影响报告表和环境影响登记表的内容和格式，由国务院环境保护行政主管部门制定。

第十八条　建设项目的环境影响评价，应当避免与规划的环境影响评价相重复。

作为一项整体建设项目的规划，按照建设项目进行环境影响评价，不进行规划的环境影响评价。

已经进行了环境影响评价的规划包含具体建设项目的，规划的环境影响评价结论应当作为建设项目环境影响评价的重要依据，建设项目环境影响评价的内容应当根据规划的环境影响评价审查意见予以简化。

第十九条　接受委托为建设项目环境影响评价提供技术服务的机构，应当经国务院环境保护行政主管部门考核审查合格后，颁发资质证书，按照资质证书规定的等级和评价范围，从事环境影响评价服务，并对评价结论负责。为建设项目环境影响评价提供技术服务的机构的资质条件和管理办法，由国务院环境保护行政主管部门制定。

国务院环境保护行政主管部门对已取得资质证书的为建设项目环境影响评价提供技术服务的机构的名单，应当予以公布。

为建设项目环境影响评价提供技术服务的机构，不得与负责审批建设项目环境影响评价文件的环境保护行政主管部门或者其他有关审批部门存在任何利益关系。

第二十条 环境影响评价文件中的环境影响报告书或者环境影响报告表，应当由具有相应环境影响评价资质的机构编制。

任何单位和个人不得为建设单位指定对其建设项目进行环境影响评价的机构。

第二十一条 除国家规定需要保密的情形外，对环境可能造成重大影响、应当编制环境影响报告书的建设项目，建设单位应当在报批建设项目环境影响报告书前，举行论证会、听证会，或者采取其他形式，征求有关单位、专家和公众的意见。

建设单位报批的环境影响报告书应当附具对有关单位、专家和公众的意见采纳或者不采纳的说明。

第二十二条 建设项目的环境影响报告书、报告表，由建设单位按照国务院的规定报有审批权的环境保护行政主管部门审批。

海洋工程建设项目的海洋环境影响报告书的审批，依照《中华人民共和国海洋环境保护法》的规定办理。

审批部门应当自收到环境影响报告书之日起六十日内，收到环境影响报告表之日起三十日内，分别作出审批决定并书面通知建设单位。

国家对环境影响登记表实行备案管理。

审核、审批建设项目环境影响报告书、报告表以及备案环境影响登记表，不得收取任何费用。

第二十三条 国务院环境保护行政主管部门负责审批下列建设项目的环境影响评价文件：

（一）核设施、绝密工程等特殊性质的建设项目；

（二）跨省、自治区、直辖市行政区域的建设项目；

（三）由国务院审批的或者由国务院授权有关部门审批的建设项目。

前款规定以外的建设项目的环境影响评价文件的审批权限，由省、自治区、直辖市人民政府规定。

建设项目可能造成跨行政区域的不良环境影响，有关环境保护行政主管部门对该项目的环境影响评价结论有争议的，其环境影响评价文件由共同的上一级环境保护行政主管部门审批。

第二十四条 建设项目的环境影响评价文件经批准后，建设项目的性质、规模、地点、采用的生产工艺或者防治污染、防止生态破坏的措施发生重大变动的，建设单位应当重新报批建设项目的环境影响评价文件。

建设项目的环境影响评价文件自批准之日起超过五年，方决定该项目开工建设的，其环境影响评价文件应当报原审批部门重新审核；原审批部门应当自收到建设项目环境影响评价文件之日起十日内，将审核意见书面通知建设单位。

第二十五条 建设项目的环境影响评价文件未依法经审批部门审查或者审查后未予批准的，建设单位不得开工建设。

第二十六条 建设项目建设过程中，建设单位应当同时实施环境影响报告书、环境影响报告表以及环境影响评价文件审批部门审批意见中提出的环境保护对策措施。

第二十七条 在项目建设、运行过程中产生不符合经审批的环境影响评价文件的情形的，建设单位应当组织环境影响的后评价，采取改进措施，并报原环境影响评价文件审批部门和建设项目审批部门备案；原环境影响评价文件审批部门也可以责成建设单位进行环境影响的后评价，采取改进措施。

第二十八条 环境保护行政主管部门应当对建设项目投入生产或者使用后所产生的环境影响进行跟踪检查，对造成严重环境污染或者生态破坏的，应当查清原因、查明责任。对属于为建设项目环境影响评价提供技术服务的机构编制不实的环境影响评价文件的，依照本法第三十三条的规定追究其法律责任；属于审批部门工作人员失职、渎职，对依法不应批准的建设项目环境影响评价文件予以批准的，依照本法第三十五条的规定追究其法律责任。

第四章 法律责任

第二十九条 规划编制机关违反本法规定，未组织环境影响评价，或者组织环境影响评价时弄虚作假或者有失职行为，造成环境影响评价严重失实的，对直接负责的主管人员和其他直接责任人员，由上级机关或者监察机关依法给予行政处分。

第三十条 规划审批机关对依法应当编写有关环境影响的篇章或者说明而未编写的规划草案，依法应当附送环境影响报告书而未附送的专项规划草案，违法予以批准的，对直接负责的主管人员和其他直接责任人员，由上级机关或者监察机关依法给予行政处分。

第三十一条 建设单位未依法报批建设项目环境影响报告书、报告表，或者未依照本法第二十四条的规定重新报批或者报请重新审核环境影响报告书、报告表，擅自开工建设的，由县级以上环境保护行政主管部门责令停止建设，根据违法情节和危害后果，处建设项目总投资额百分之一以上百分之五以下的罚款，并可以责令恢复原状；对建设单位直接负责的主管人员和其他直接责任人员，依法给予行政处分。

建设项目环境影响报告书、报告表未经批准或者未经原审批部门重新审核同意，建设单位擅自开工建设的，依照前款的规定处罚、处分。

建设单位未依法备案建设项目环境影响登记表的，由县级以上环境保护行政主管部门责令备案，处五万元以下的罚款。

海洋工程建设项目的建设单位有本条所列违法行为的，依照《中华人民共和国海洋环境保护法》的规定处罚。

第三十二条 接受委托为建设项目环境影响评价提供技术服务的机构在环境影响评价工作中不负责任或者弄虚作假，致使环境影响评价文件失实的，由授予环境影响评价资质的环境保护行政主管部门降低其资质等级或者吊销其资质证书，并处所收费用一倍以上三倍以下的罚款；构成犯罪的，依法追究刑事责任。

第三十三条 负责审核、审批、备案建设项目环境影响评价文件的部门在审批、备案中收取费用的，由其上级机关或者监察机关责令退还；情节严重的，对直接负责的主管人员和其他直接责任人员依法给予行政处分。

第三十四条 环境保护行政主管部门或者其他部门的工作人

员徇私舞弊，滥用职权，玩忽职守，违法批准建设项目环境影响评价文件的，依法给予行政处分；构成犯罪的，依法追究刑事责任。

第五章　附　则

第三十五条　省、自治区、直辖市人民政府可以根据本地的实际情况，要求对本辖区的县级人民政府编制的规划进行环境影响评价。具体办法由省、自治区、直辖市参照本法第二章的规定制定。

第三十六条　军事设施建设项目的环境影响评价办法，由中央军事委员会依照本法的原则制定。

第三十七条　本法自 2003 年 9 月 1 日起施行。

环境保护主管部门实施限制生产、停产整治办法

中华人民共和国环境保护部令

第 30 号

《环境保护主管部门实施限制生产、停产整治办法》已于 2014 年 12 月 15 日由环境保护部部务会议审议通过，现予公布，自 2015 年 1 月 1 日起施行。

环境保护部部长

2014 年 12 月 19 日

第一章　总　　则

第一条　为规范实施限制生产、停产整治措施，依据《中华人民共和国环境保护法》，制定本办法。

第二条　县级以上环境保护主管部门对超过污染物排放标准

或者超过重点污染物排放总量控制指标排放污染物的企业事业单位和其他生产经营者（以下称排污者），责令采取限制生产、停产整治措施的，适用本办法。

第三条　环境保护主管部门作出限制生产、停产整治决定时，应当责令排污者改正或者限期改正违法行为，并依法实施行政处罚。

第四条　环境保护主管部门实施限制生产、停产整治的，应当依法向社会公开限制生产、停产整治决定，限制生产延期情况和解除限制生产、停产整治的日期等相关信息。

第二章　适用范围

第五条　排污者超过污染物排放标准或者超过重点污染物日最高允许排放总量控制指标的，环境保护主管部门可以责令其采取限制生产措施。

第六条　排污者有下列情形之一的，环境保护主管部门可以责令其采取停产整治措施：

（一）通过暗管、渗井、渗坑、灌注或者篡改、伪造监测数据，或者不正常运行防治污染设施等逃避监管的方式排放污染物，超过污染物排放标准的；

（二）非法排放含重金属、持久性有机污染物等严重危害环境、损害人体健康的污染物超过污染物排放标准三倍以上的；

（三）超过重点污染物排放总量年度控制指标排放污染物的；

（四）被责令限制生产后仍然超过污染物排放标准排放污染物的；

（五）因突发事件造成污染物排放超过排放标准或者重点污染物排放总量控制指标的；

（六）法律、法规规定的其他情形。

第七条 具备下列情形之一的排污者，超过污染物排放标准或者超过重点污染物排放总量控制指标排放污染物的，环境保护主管部门应当按照有关环境保护法律法规予以处罚，可以不予实施停产整治：

（一）城镇污水处理、垃圾处理、危险废物处置等公共设施的运营单位；

（二）生产经营业务涉及基本民生、公共利益的；

（三）实施停产整治可能影响生产安全的。

第八条 排污者有下列情形之一的，由环境保护主管部门报经有批准权的人民政府责令停业、关闭：

（一）两年内因排放含重金属、持久性有机污染物等有毒物质超过污染物排放标准受过两次以上行政处罚，又实施前列行为的；

（二）被责令停产整治后拒不停产或者擅自恢复生产的；

（三）停产整治决定解除后，跟踪检查发现又实施同一违法行为的；

（四）法律法规规定的其他严重环境违法情节的。

第三章 实施程序

第九条 环境保护主管部门在作出限制生产、停产整治决定前，应当做好调查取证工作。

责令限制生产、停产整治的证据包括现场检查笔录、调查询问笔录、环境监测报告、视听资料、证人证言和其他证明材料。

第十条 作出限制生产、停产整治决定前，应当书面报经环境保护主管部门负责人批准；案情重大或者社会影响较大的，应当经环境保护主管部门案件审查委员会集体审议决定。

第十一条 环境保护主管部门作出限制生产、停产整治决定前，应当告知排污者有关事实、依据及其依法享有的陈述、申辩或者要求举行听证的权利；就同一违法行为进行行政处罚的，可以在行政处罚事先告知书或者行政处罚听证告知书中一并告知。

第十二条 环境保护主管部门作出限制生产、停产整治决定的，应当制作责令限制生产决定书或者责令停产整治决定书，也可以在行政处罚决定书中载明。

第十三条 责令限制生产决定书和责令停产整治决定书应当载明下列事项：

（一）排污者的基本情况，包括名称或者姓名、营业执照号码或者居民身份证号码、组织机构代码、地址以及法定代表人或者主要负责人姓名等；

（二）违法事实、证据，以及作出限制生产、停产整治决定的依据；

（三）责令限制生产、停产整治的改正方式、期限；

（四）排污者应当履行的相关义务及申请行政复议或者提起行政诉讼的途径和期限；

（五）环境保护主管部门的名称、印章和决定日期。

第十四条 环境保护主管部门应当自作出限制生产、停产整治决定之日起七个工作日内将决定书送达排污者。

第十五条 限制生产一般不超过三个月；情况复杂的，经本级环境保护主管部门负责人批准，可以延长，但延长期限不得超过三个月。

停产整治的期限，自责令停产整治决定书送达排污者之日起，至停产整治决定解除之日止。

第十六条 排污者应当在收到责令限制生产决定书或者责令停产整治决定书后立即整改，并在十五个工作日内将整改方案报作出决定的环境保护主管部门备案并向社会公开。整改方案应当确定改正措施、工程进度、资金保障和责任人员等事项。

被限制生产的排污者在整改期间，不得超过污染物排放标准或者重点污染物日最高允许排放总量控制指标排放污染物，并按照环境监测技术规范进行监测或者委托有条件的环境监测机构开展监测，保存监测记录。

第十七条 排污者完成整改任务的，应当在十五个工作日内将整改任务完成情况和整改信息社会公开情况，报作出限制生产、停产整治决定的环境保护主管部门备案，并提交监测报告以及整改期间生产用电量、用水量、主要产品产量与整改前的对比情况等材料。限制生产、停产整治决定自排污者报环境保护主管部门备案之日起解除。

第十八条 排污者有下列情形之一的，限制生产、停产整治决定自行终止：

（一）依法被撤销、解散、宣告破产或者因其他原因终止营业的；

（二）被有批准权的人民政府依法责令停业、关闭的。

第十九条 排污者被责令限制生产、停产整治后，环境保护主管部门应当按照相关规定对排污者履行限制生产、停产整治措施的情况实施后督察，并依法进行处理或者处罚。

第二十条 排污者解除限制生产、停产整治后，环境保护主管部门应当在解除之日起三十日内对排污者进行跟踪检查。

第四章 附 则

第二十一条 本办法由国务院环境保护主管部门负责解释。

第二十二条 本办法自 2015 年 1 月 1 日起施行。

附 录

环境保护主管部门实施查封、扣押办法

中华人民共和国环境保护部令

第 29 号

《环境保护主管部门实施查封、扣押办法》已于 2014 年 12 月 15 日由环境保护部部务会议审议通过，现予公布，自 2015 年 1 月 1 日起施行。

环境保护部部长

2014 年 12 月 19 日

第一章 总 则

第一条 为规范实施查封、扣押，依据《中华人民共和国环境保护法》、《中华人民共和国行政强制法》等法律，制定本办法。

第二条 对企业事业单位和其他生产经营者（以下称排污者）违反法律法规规定排放污染物，造成或者可能造成严重污染，县级以上环境保护主管部门对造成污染物排放的设施、设备实施查封、扣押的，适用本办法。

第三条 环境保护主管部门实施查封、扣押所需经费，应当列入本机关的行政经费预算，由同级财政予以保障。

第二章 适用范围

第四条 排污者有下列情形之一的，环境保护主管部门依法实施查封、扣押：

（一）违法排放、倾倒或者处置含传染病病原体的废物、危险废物、含重金属污染物或者持久性有机污染物等有毒物质或者其他有害物质的；

（二）在饮用水水源一级保护区、自然保护区核心区违反法律法规规定排放、倾倒、处置污染物的；

（三）违反法律法规规定排放、倾倒化工、制药、石化、印染、电镀、造纸、制革等工业污泥的；

（四）通过暗管、渗井、渗坑、灌注或者篡改、伪造监测数据，或者不正常运行防治污染设施等逃避监管的方式违反法律法规规定排放污染物的；

（五）较大、重大和特别重大突发环境事件发生后，未按照要求执行停产、停排措施，继续违反法律法规规定排放污染物的；

（六）法律、法规规定的其他造成或者可能造成严重污染的违法排污行为。

有前款第一项、第二项、第三项、第六项情形之一的，环境保护主管部门可以实施查封、扣押；已造成严重污染或者有前款第四项、第五项情形之一的，环境保护主管部门应当实施查封、扣押。

第五条 环境保护主管部门查封、扣押排污者造成污染物排放的设施、设备，应当符合有关法律的规定。不得重复查封、扣押排污者已被依法查封的设施、设备。

对不易移动的或者有特殊存放要求的设施、设备，应当就地查封。查封时，可以在该设施、设备的控制装置等关键部件或者造成污染物排放所需供水、供电、供气等开关阀门张贴封条。

第六条 具备下列情形之一的排污者，造成或者可能造成严重污染的，环境保护主管部门应当按照有关环境保护法律法规予以处罚，可以不予实施查封、扣押：

（一）城镇污水处理、垃圾处理、危险废物处置等公共设施的运营单位；

（二）生产经营业务涉及基本民生、公共利益的；

（三）实施查封、扣押可能影响生产安全的。

第七条 环境保护主管部门实施查封、扣押的，应当依法向社会公开查封、扣押决定，查封、扣押延期情况和解除查封、扣押决定等相关信息。

第三章 实施程序

第八条 实施查封、扣押的程序包括调查取证、审批、决定、执行、送达、解除。

第九条 环境保护主管部门实施查封、扣押前，应当做好调查取证工作。

查封、扣押的证据包括现场检查笔录、调查询问笔录、环境监测报告、视听资料、证人证言和其他证明材料。

第十条 需要实施查封、扣押的，应当书面报经环境保护主管部门负责人批准；案情重大或者社会影响较大的，应当经环境保护主管部门案件审查委员会集体审议决定。

第十一条 环境保护主管部门决定实施查封、扣押的，应当制作查封、扣押决定书和清单。

查封、扣押决定书应当载明下列事项：

（一）排污者的基本情况，包括名称或者姓名、营业执照号码或者居民身份证号码、组织机构代码、地址以及法定代表人或者主要负责人姓名等；

（二）查封、扣押的依据和期限；

（三）查封、扣押设施、设备的名称、数量和存放地点等；

（四）排污者应当履行的相关义务及申请行政复议或者提起行政诉讼的途径和期限；

（五）环境保护主管部门的名称、印章和决定日期。

第十二条 实施查封、扣押应当符合下列要求：

（一）由两名以上具有行政执法资格的环境行政执法人员实施，并出示执法身份证件；

（二）通知排污者的负责人或者受委托人到场，当场告知实施查封、扣押的依据以及依法享有的权利、救济途径，并听取其陈述和申辩；

（三）制作现场笔录，必要时可以进行现场拍摄。现场笔录的内容应当包括查封、扣押实施的起止时间和地点等；

（四）当场清点并制作查封、扣押设施、设备清单，由排污者和环境保护主管部门分别收执。委托第三人保管的，应同时交第三人收执。执法人员可以对上述过程进行现场拍摄；

（五）现场笔录和查封、扣押设施、设备清单由排污者和执法人员签名或者盖章；

（六）张贴封条或者采取其他方式，明示环境保护主管部门已实施查封、扣押。

第十三条 情况紧急，需要当场实施查封、扣押的，应当在实施后二十四小时内补办批准手续。环境保护主管部门负责人认为不需要实施查封、扣押的，应当立即解除。

第十四条 查封、扣押决定书应当当场交付排污者负责人或者受委托人签收。排污者负责人或者受委托人应当签名或者盖章，注明日期。

实施查封、扣押过程中，排污者负责人或者受委托人拒不到场或者拒绝签名、盖章的，环境行政执法人员应当予以注明，并可以邀请见证人到场，由见证人和环境行政执法人员签名或者盖章。

第十五条 查封、扣押的期限不得超过三十日；情况复杂的，经本级环境保护主管部门负责人批准可以延长，但延长期限不得超过三十日。法律、法规另有规定的除外。

延长查封、扣押的决定应当及时书面告知排污者，并说明理由。

第十六条 对就地查封的设施、设备，排污者应当妥善保管，不得擅自损毁封条、变更查封状态或者启用已查封的设施、设备。

对扣押的设施、设备，环境保护主管部门应当妥善保管，也可以委托第三人保管。扣押期间设施、设备的保管费用由环境保护主管部门承担。

第十七条 查封的设施、设备造成损失的，由排污者承担。扣押的设施、设备造成损失的，由环境保护主管部门承担；因受委托第三人原因造成损失的，委托的环境保护主管部门先行赔付后，可以向受委托第三人追偿。

第十八条　排污者在查封、扣押期限届满前，可以向决定实施查封、扣押的环境保护主管部门提出解除申请，并附具相关证明材料。

第十九条　环境保护主管部门应当自收到解除查封、扣押申请之日起五个工作日内，组织核查，并根据核查结果分别作出如下决定：

（一）确已改正违反法律法规规定排放污染物行为的，解除查封、扣押；

（二）未改正违反法律法规规定排放污染物行为的，维持查封、扣押。

第二十条　环境保护主管部门实施查封、扣押后，应当及时查清事实，有下列情形之一的，应当立即作出解除查封、扣押决定：

（一）对违反法律法规规定排放污染物行为已经作出行政处罚或者处理决定，不再需要实施查封、扣押的；

（二）查封、扣押期限已经届满的；

（三）其他不再需要实施查封、扣押的情形。

第二十一条　查封、扣押措施被解除的，环境保护主管部门应当立即通知排污者，并自解除查封、扣押决定作出之日起三个工作日内送达解除决定。

扣押措施被解除的，还应当通知排污者领回扣押物；无法通知的，应当进行公告，排污者应当自招领公告发布之日起六十日内领回；逾期未领回的，所造成的损失由排污者自行承担。

扣押物无法返还的，环境保护主管部门可以委托拍卖机构依法拍卖或者变卖，所得款项上缴国库。

第二十二条　排污者涉嫌环境污染犯罪已由公安机关立案侦

查的，环境保护主管部门应当依法移送查封、扣押的设施、设备及有关法律文书、清单。

第二十三条 环境保护主管部门对查封后的设施、设备应当定期检视其封存情况。

排污者阻碍执法、擅自损毁封条、变更查封状态或者隐藏、转移、变卖、启用已查封的设施、设备的，环境保护主管部门应当依据《中华人民共和国治安管理处罚法》等法律法规及时提请公安机关依法处理。

第四章 附 则

第二十四条 本办法由国务院环境保护主管部门负责解释。

第二十五条 本办法自 2015 年 1 月 1 日起施行。

环境保护主管部门实施按日连续处罚办法

中华人民共和国环境保护部令
第 28 号

《环境保护主管部门实施按日连续处罚办法》已于 2014 年 12 月 15 日由环境保护部部务会议审议通过，现予公布，自 2015 年 1 月 1 日起施行。

环境保护部部长

2014 年 12 月 19 日

第一章 总 则

第一条 为规范实施按日连续处罚，依据《中华人民共和国环境保护法》、《中华人民共和国行政处罚法》等法律，制定本办法。

第二条 县级以上环境保护主管部门对企业事业单位和其他生产经营者（以下称排污者）实施按日连续处罚的，适用本办法。

第三条 实施按日连续处罚，应当坚持教育与处罚相结合的原则，引导和督促排污者及时改正环境违法行为。

第四条 环境保护主管部门实施按日连续处罚，应当依法向社会公开行政处罚决定和责令改正违法行为决定等相关信息。

第二章 适用范围

第五条 排污者有下列行为之一，受到罚款处罚，被责令改正，拒不改正的，依法作出罚款处罚决定的环境保护主管部门可以实施按日连续处罚：

（一）超过国家或者地方规定的污染物排放标准，或者超过重点污染物排放总量控制指标排放污染物的；

（二）通过暗管、渗井、渗坑、灌注或者篡改、伪造监测数据，或者不正常运行防治污染设施等逃避监管的方式排放污染物的；

（三）排放法律、法规规定禁止排放的污染物的；

（四）违法倾倒危险废物的；

（五）其他违法排放污染物行为。

第六条 地方性法规可以根据环境保护的实际需要，增加按日连续处罚的违法行为的种类。

第三章　实施程序

第七条 环境保护主管部门检查发现排污者违法排放污染物的，应当进行调查取证，并依法作出行政处罚决定。

按日连续处罚决定应当在前款规定的行政处罚决定之后作出。

第八条 环境保护主管部门可以当场认定违法排放污染物的，应当在现场调查时向排污者送达责令改正违法行为决定书，责令立即停止违法排放污染物行为。

需要通过环境监测认定违法排放污染物的，环境监测机构应当按照监测技术规范要求进行监测。环境保护主管部门应当在取得环境监测报告后三个工作日内向排污者送达责令改正违法行为决定书，责令立即停止违法排放污染物行为。

第九条 责令改正违法行为决定书应当载明下列事项：

（一）排污者的基本情况，包括名称或者姓名、营业执照号码或者居民身份证号码、组织机构代码、地址以及法定代表人或者主要负责人姓名等；

（二）环境违法事实和证据；

（三）违反法律、法规或者规章的具体条款和处理依据；

（四）责令立即改正的具体内容；

（五）拒不改正可能承担按日连续处罚的法律后果；

（六）申请行政复议或者提起行政诉讼的途径和期限；

（七）环境保护主管部门的名称、印章和决定日期。

第十条　环境保护主管部门应当在送达责令改正违法行为决定书之日起三十日内，以暗查方式组织对排污者违法排放污染物行为的改正情况实施复查。

第十一条　排污者在环境保护主管部门实施复查前，可以向作出责令改正违法行为决定书的环境保护主管部门报告改正情况，并附具相关证明材料。

第十二条　环境保护主管部门复查时发现排污者拒不改正违法排放污染物行为的，可以对其实施按日连续处罚。

环境保护主管部门复查时发现排污者已经改正违法排放污染物行为或者已经停产、停业、关闭的，不启动按日连续处罚。

第十三条　排污者具有下列情形之一的，认定为拒不改正：

（一）责令改正违法行为决定书送达后，环境保护主管部门复查发现仍在继续违法排放污染物的；

（二）拒绝、阻挠环境保护主管部门实施复查的。

第十四条　复查时排污者被认定为拒不改正违法排放污染物行为的，环境保护主管部门应当按照本办法第八条的规定再次作出责令改正违法行为决定书并送达排污者，责令立即停止违法排放污染物行为，并应当依照本办法第十条、第十二条的规定对排污者再次进行复查。

第十五条　环境保护主管部门实施按日连续处罚应当符合法律规定的行政处罚程序。

第十六条　环境保护主管部门决定实施按日连续处罚的，应当依法作出处罚决定书。

处罚决定书应当载明下列事项：

（一）排污者的基本情况，包括名称或者姓名、营业执照号码或者居民身份证号码、组织机构代码、地址以及法定代表人或者主要负责人姓名等；

（二）初次检查发现的环境违法行为及该行为的原处罚决定、拒不改正的违法事实和证据；

（三）按日连续处罚的起止时间和依据；

（四）按照按日连续处罚规则决定的罚款数额；

（五）按日连续处罚的履行方式和期限；

（六）申请行政复议或者提起行政诉讼的途径和期限；

（七）环境保护主管部门名称、印章和决定日期。

第四章　计罚方式

第十七条　按日连续处罚的计罚日数为责令改正违法行为决定书送达排污者之日的次日起，至环境保护主管部门复查发现违法排放污染物行为之日止。再次复查仍拒不改正的，计罚日数累计执行。

第十八条　再次复查时违法排放污染物行为已经改正，环境保护主管部门在之后的检查中又发现排污者有本办法第五条规定的情形的，应当重新作出处罚决定，按日连续处罚的计罚周期重新起算。按日连续处罚次数不受限制。

第十九条 按日连续处罚每日的罚款数额，为原处罚决定书确定的罚款数额。

按照按日连续处罚规则决定的罚款数额，为原处罚决定书确定的罚款数额乘以计罚日数。

第五章 附 则

第二十条 环境保护主管部门针对违法排放污染物行为实施按日连续处罚的，可以同时适用责令排污者限制生产、停产整治或者查封、扣押等措施；因采取上述措施使排污者停止违法排污行为的，不再实施按日连续处罚。

第二十一条 本办法由国务院环境保护主管部门负责解释。

第二十二条 本办法自 2015 年 1 月 1 日起施行。

环保举报热线工作管理办法

中华人民共和国环境保护部令

第 15 号

《环保举报热线工作管理办法》已由环境保护部
2010 年第二次部务会议于 2010 年 11 月 5 日审议通过。
现予公布,自 2011 年 3 月 1 日起施行。

环境保护部部长
二〇一〇年十二月十五日

第一章 总 则

第一条 为了加强环保举报热线工作的规范化管理,畅通群
众举报渠道,维护和保障人民群众的合法环境权益,根据《信访
条例》以及环境保护法律、法规的有关规定,制定本办法。

第二条 公民、法人或者其他组织通过拨打环保举报热线电

话，向各级环境保护主管部门举报环境污染或者生态破坏事项，请求环境保护主管部门依法处理的，适用本办法。

环保举报热线应当使用"12369"特服电话号码，各地名称统一为"12369"环保举报热线。

承担"12369"环保举报热线工作的机构依法受理的举报事项，称举报件。

第三条　环保举报热线工作应当遵循下列原则：

（一）属地管理、分级负责，谁主管、谁负责；

（二）依法受理，及时办理；

（三）维护公众对环境保护工作的知情权、参与权和监督权；

（四）调查研究，实事求是，妥善处理，解决问题。

第四条　环保举报热线要做到有报必接、违法必查，事事有结果、件件有回音。

除发生不可抗力情形外，环保举报热线应当保证畅通。

第二章　机构、职责和人员

第五条　各级环境保护主管部门应当加强承担环保举报热线工作的机构建设，配备相应的专职工作人员，保障工作条件，保持队伍稳定。

第六条　承担环保举报热线工作机构的职责是：

（一）依法受理环境污染、生态破坏的举报事项；

（二）对举报件及时转送、交办、催办、督办；

（三）向上级交办部门报告交办件的办理结果；

（四）研究、分析环保举报热线工作情况，向环境保护主管部

门提出改进工作的意见和建议;

(五) 向本级和上一级环境保护主管部门提交年度工作报告,报告举报事项受理情况以及举报件的转送、交办、答复、催办、督办等情况;

(六) 检查、指导和考核下级环保举报热线工作,总结交流工作经验,组织工作人员培训。

各地承担环保举报热线工作的机构可以根据实际情况依法履行其他工作职责,或者承担当地人民政府授予的其他职责。

第七条 环保举报热线工作人员应当具备以下条件:

(一) 遵纪守法,政治立场坚定,熟悉环境保护业务,了解相关的法律、法规和政策,经业务培训并且考核合格;

(二) 热爱本职工作,有较强的事业心和责任感;

(三) 大专以上文化程度;

(四) 掌握受理举报事项的基本知识和技能,有较强的协调能力和沟通能力;

(五) 作风正派,实事求是;

(六) 严格遵守各项规章制度。

第三章　工作程序

第八条 环保举报热线工作人员接听举报电话,应当耐心细致,用语规范,准确据实记录举报时间、被举报单位的名称和地址、举报内容、举报人的姓名和联系方式、诉求目的等信息,并区分情况,分别按照下列方式处理:

(一) 对属于各级环境保护主管部门职责范围的环境污染和生

态破坏的举报事项，应当予以受理。

（二）对不属于环境保护主管部门处理的举报事项不予受理，但应当告知举报人依法向有关机关提出。

（三）对依法应当通过诉讼、仲裁、行政复议等法定途径解决或者已经进入上述程序的，应当告知举报人依照有关法律、法规规定向有关机关和单位提出。

（四）举报事项已经受理，举报人再次提出同一举报事项的，不予受理，但应当告知举报人受理情况和办理结果的查询方式。

（五）举报人对环境保护主管部门做出的举报件答复不服，仍以同一事实和理由提出举报的，不予受理，但应当告知举报人可以依照《信访条例》的规定提请复查或者复核。

（六）对涉及突发环境事件和有群体性事件倾向的举报事项，应当立即受理并及时向有关负责人报告。

（七）涉及两个或者两个以上环境保护主管部门的举报事项，由举报事项涉及的环境保护主管部门协商受理；协商不成的，由其共同的上一级环境保护主管部门协调、决定受理机关。

对举报人提出的举报事项，环保举报热线工作人员能当场决定受理的，应当当场告知举报人；不能当场告知是否受理的，应当在 15 日内告知举报人，但举报人联系不上的除外。

第九条　属于本级环境保护主管部门办理的举报件，承担环保举报热线工作的机构受理后，应当在 3 个工作日内转送本级环境保护主管部门有关内设机构。

第十条　属于下级环境保护主管部门办理的举报件，承担环保举报热线工作的机构受理后，应当通过"12369"环保举报热线管理系统于 3 个工作日内向下级承担环保举报热线工作的机构交办。

地方各级环保举报热线工作人员应当即时接收上级交办的举报件，并按规定及时进行处理。

第十一条 举报件应当自受理之日起 60 日内办结。情况复杂的，经本级环境保护主管部门负责人批准，可以适当延长办理期限，并告知举报人延期理由，但延长期限不得超过 30 日。

对上级交办的举报件，下级承担环保举报热线工作的机构应当按照交办的时限要求办结，并将办理结果报告上级交办机构；情况复杂的，经本级环境保护主管部门负责人批准，并向交办机构说明情况，可以适当延长办理期限，并告知举报人延期理由。

第十二条 举报件办结后，举报件办理部门应当将举报件办理结果及时答复举报人并转送承担环保举报热线工作的机构。

对上级交办的举报件，负责办理的下级环境保护主管部门应当在办理后及时将办理结果向上级交办机构报告；上级交办机构发现报告内容不全或者事实不清的，可以退回原办理部门重新办理。

举报件办理结果应当由环境保护主管部门负责人签发，并说明举报事项、查处情况、处理意见、答复情况等。

第十三条 举报件办理部门未及时转送或者报告办理结果的，环保举报热线工作人员应当及时催办。

第十四条 上级承担环保举报热线工作的机构发现向下级交办的举报件有下列情形之一的，应当向环境保护主管部门报告，由环境保护主管部门按照有关规定及时督办：

（一）办结后处理决定未得到落实的；

（二）问题久拖不决，群众反复举报的；

（三）办理时弄虚作假的；

（四）未按照规定程序办理的；

（五）其他需要督办的情形。

第十五条　各级承担环保举报热线工作的机构应当视情况抽查、回访已经办结的举报件，听取意见，改进工作。

第四章　工作制度

第十六条　各级环境保护主管部门应当建立健全环保举报热线工作规章制度，确保环保举报热线工作有章可循、规范有序。

第十七条　各级承担环保举报热线工作的机构应当对各类举报信息和办理情况进行汇总、分析，提出建议，并向本级环境保护主管部门和上级承担环保举报热线工作的机构报告。

第十八条　各级环境保护主管部门应当定期分析总结环保举报热线工作情况，并根据工作需要，向有关单位和部门通报。

第十九条　各级环境保护主管部门应当通过电视、报刊、网络等媒体宣传环保举报热线，提高公众的参与意识和监督意识。

第二十条　各级环境保护主管部门应当定期组织开展环保举报热线工作人员政治理论学习和业务工作培训，加强队伍建设，不断提高工作人员的思想觉悟和业务水平。

第二十一条　各级承担环保举报热线工作的机构应当健全保密管理制度，完善保密防护措施，加强保密检查，并积极开展保密宣传教育。

第二十二条　各级承担环保举报热线工作的机构应当妥善保存相关书面材料或者录音资料，并按照档案管理的有关规范建立档案。

第二十三条　各级环境保护主管部门应当结合本单位工作实际，制定环保举报热线工作表彰和奖励制度，对事迹突出、成绩显著的工作人员或者单位给予表彰和奖励。

第二十四条　各级环境保护主管部门应当积极争取当地财政部门资金支持，将环保举报热线的建设、运行、管理、维护等资金纳入财政预算，确保环保举报热线工作及其管理系统正常运行。

第二十五条　各级环境保护主管部门以及环保举报热线工作人员玩忽职守、滥用职权、徇私舞弊的，依法给予处分；涉嫌犯罪的，依法移送司法机关追究刑事责任。

环境保护主管部门及其工作人员对举报人进行打击报复的，依法给予处分；涉嫌犯罪的，依法移送司法机关追究刑事责任。

第五章　附　则

第二十六条　本办法未作规定的事项，按照《信访条例》和《环境信访办法》的有关规定执行。

地方各级环境保护主管部门可以结合本地实际情况制定实施细则。

第二十七条　本办法自 2011 年 3 月 1 日起施行。

附　录

科技成果登记办法

关于印发《科技成果登记办法》的通知
国科发计字〔2000〕542号

各省、自治区、直辖市、计划单列市科技厅（科委），新疆生产建设兵团科委，国务院各有关部委、直属机构、直属事业单位科技司（局），各有关单位：

为了贯彻落实中共中央、国务院《关于加强技术创新，发展高科技，实现产业化的决定》中"对于政府财政资金支持的科技项目，要充分运用知识产权信息资源，选准高起点，避免重复研究"的精神，科学技术部2000年第12次部务会议讨论通过《科技成果登记办法》，现印发给你们，请遵照执行。

科技部
二〇〇〇年十二月七日

第一条　为了增强财政科技投入效果的透明度，规范科技成果登记工作，保证及时、准确和完整地统计科技成果，为科技成果转化和宏观科技决策服务，制定本办法。

第二条 执行各级、各类科技计划（含专项）产生的科技成果应当登记；非财政投入产生的科技成果自愿登记；涉及国家秘密的科技成果，按照国家科技保密的有关规定进行管理，不按照本办法登记。

第三条 科学技术部管理指导全国的科技成果登记工作。省、自治区、直辖市科学技术行政部门负责本地区的科技成果登记工作；国务院有关部门、直属机构、直属事业单位负责本部门的科技成果登记工作。

第四条 科技成果登记应当以客观、准确、及时为原则，充分利用现代信息技术，促进全国科技成果信息的交流。

第五条 省、自治区、直辖市科学技术行政部门和国务院各有关部门、直属机构、直属事业单位科技成果管理机构授权的科技成果登记机构，对符合登记条件的科技成果予以登记。

第六条 科技成果完成人可按直属或属地关系向相应的科技成果登记机构办理科技成果登记手续，不得重复登记。两个或两个以上完成人共同完成的科技成果，由第一完成人办理登记手续。

第七条 科技成果登记应当同时满足下列条件：

（一）登记材料规范、完整；

（二）已有的评价结论持肯定性意见；

（三）不违背国家的法律、法规和政策。

第八条 办理科技成果登记应当提交《科技成果登记表》及下列材料：

（一）应用技术成果：相关的评价证明（鉴定证书或者鉴定报告、科技计划项目验收报告、行业准入证明、新产品证书等）和研制报告；或者知识产权证明（专利证书、植物品种权书、软件登记证书等）和用户证明。

（二）基础理论成果：学术论文、学术专著、本单位学术部门的评价意见和论文发表后被引用的证明。

（三）软科学研究成果：相关的评价证明（软科学成果评审证书或验收报告等）和研究报告。

《科技成果登记表》格式由科学技术部统一制定。

第九条 科技成果登记机构对办理登记的科技成果进行形式审查，对符合条件的予以登记，出具登记证明。科技成果登记证明不作为确认科技成果权属的直接依据。

第十条 科技成果登记机构对已经登记的科技成果应当及时登录到国家科技成果数据库，并在国家科技成果网站或科学技术研究成果公报上公告。

第十一条 凡存在争议的科技成果，在争议未解决之前，不予登记；已经登记的科技成果，发现弄虚作假、剽窃、篡改或者以其他方式侵犯他人知识产权的，注销登记。

第十二条 科技成果登记机构的工作人员擅自使用、披露、转让所登记成果的技术秘密，侵犯他人知识产权的，追究相应的法律责任。

第十三条 省、自治区、直辖市科学技术行政部门，国务院有关部门、直属机构、直属事业单位可依照本办法制定实施细则。

第十四条 本办法自 2001 年 1 月 1 日起施行。1984 年 2 月 22 日原国家科委（84）国科发成字 141 号文发布的《中华人民共和国国家科学技术委员会关于科学技术研究成果管理的规定》同时废止，本办法施行前公布的有关规定与本办法规定不一致的，以本办法的规定为准。

环保科技成果登记办法实施细则

国家环保局关于印发《环保科技成果
登记办法实施细则》的通知
环发〔2001〕111号

各省、自治区、直辖市环境保护局、各直属单位各派出机构：

为了规范科技成果登记工作，保证及时、准确和完整地统计科技成果，充分利用现代信息技术，为科技成果转化和宏观科技决策服务，根据科技部《科技成果登记办法》的有关规定，我局制定了《环保科技成果登记办法实施细则》，现印发给你们，请认真组织实施。

二〇〇一年七月三十日

第一章　总　则

第一条　为了更好地贯彻实施《科技成果登记办法》，准确完整地统计科技成果，为科技成果转化和宏观科技决策服务，制定本实施细则。

第二条　环保科技成果登记应当以客观、准确、及时为原则。充分利用现代信息技术，促进全国环保科技成果信息的交流。

第三条　国家环境保护总局科技标准司负责全国环保科技成果的登记工作。

第四条 由国家环境保护总局主持或者组织的各级、各类科技计划和项目（含专项）产生的科技成果，以及主持或组织鉴定（评审）的科技成果必须在国家环境保护总局登记；地方各级环境保护部门主持或组织的各类科技计划和项目产生的科技成果鼓励在国家环境保护总局登记。除此之外，非财政投入产生的科技成果自愿登记。涉及国家秘密的科技成果，按照国家科技保密的有关规定进行管理，不执行本细则。

第二章 成果登记

第五条 环保科技成果登记应当同时满足下列条件：

（一）登记材料规范、完整；

（二）已有的评价结论持肯定性意见；

（三）不违背国家的法律、法规和政策。

第六条 办理科技成果登记应当提交《科技成果登记表》及下列材料：

（一）应用技术成果：相关的评价证明（鉴定证书或者鉴定报告、科技计划项目验收报告、行业准入证明、新产品证书等）和研究报告；或者知识产权证明（专利证书、植物品种权证书、软件登记证书等）和用户证明。

（二）基础理论成果：学术论文、学术专著、本单位学术部门的评价意见和论文发表后被引用的证明。

（三）软科学研究成果：相关的评价证明（软科学成果评审证书或验收报告等）和研究报告。

环保科技成果登记统一使用科学技术部制定的《科技成果登记表》格式。

第七条　科技成果完成人（含单位）可按属地关系向当地的省、自治区、直辖市、计划单列市环境保护局科技成果管理部门递交《科技成果登记表》及有关材料，经审查，并在登记表盖章后向国家环境保护总局科技成果登记机构推荐报送。报送的登记材料可以不含研究报告。

第八条　国家环境保护总局直属机构科技成果管理部门对本单位拟上报的《科技成果登记表》及有关材料进行审查、盖章后报送总局科技成果登记机构。报送的登记材料可以不含研究报告。

第九条　科技成果完成人（含单位）也可直接将《科技成果登记表》和有关材料报送国家环境保护总局科技成果登记机构进行科技成果登记，但是必须按照本细则第六条的规定报送登记材料。

第十条　为避免成果重复登记，凡两个或两个以上完成单位（人）共同完成的科技成果，由第一完成单位（人）办理成果登记。

第十一条　国家环境保护总局科技标准司授权中国环境科学研究院为环保科技成果登记机构，该机构对直接办理登记的科技成果进行形式审查，对符合登记条件的科技成果予以登记。

第十二条　予以登记的科技成果的完成人（含单位）可以获得国家环境保护总局出具的《环境保护科技成果证书》和《环境保护科技成果完成者证书》。科技成果证书只作为成果被确认登记的凭证，不作为确认科技成果权属的依据。

第三章　成果的宣传与交流

第十三条　环保科技成果登记机构要充分利用现代信息技术，

促进全国环保科技成果信息的交流，将登记的环保科技成果及时、准确地登录上网。

第十四条 为了准确、及时进行全国环保科技成果信息交流，各地环境保护局、直属单位、派出机构和成果完成人可以随时报送科技成果登记材料。应当在项目得到肯定性评价后，在办理评价证明（鉴定、评审、验收证书）的同时，填报《科技成果登记表》。

第十五条 在上一年的 11 月 1 日至当年的 10 月 31 日期间经过有效评价的科技成果属于当年科技成果统计范畴。环保科技成果登记机构要做好科技成果统计工作，及时准确地将当年统计数据报送国家环境保护总局科技标准司。

第十六条 环保科技成果登记机构对已经登记的科技成果进行整理、编写，每年出版《环境保护科学技术研究成果公报》，并在国家环境保护总局网站上公告。

第十七条 环保科技成果登记机构对已经登记的环保科技成果中技术水平和学术水平较高的成果每年 2—4 次上报登录国家科技成果库，并且在国家科技成果网站或科技部《科学技术研究成果公报》上予以公告。

第四章 奖罚则

第十八条 组织推荐成果登记的部门、单位和成果登记者均能免费得到当年的《环境保护科学技术研究成果公报》。

第十九条 凡向国家环境保护总局登记的科技成果具有作为优秀项目向国家推荐奖励或推荐为其他计划项目的资格，没有登记的科技成果不具备被推荐的资格。

第二十条　凡存在争议的科技成果，在争议未解决之前，不予登记；已经登记的科技成果，发现弄虚作假、剽窃、篡改或者以其他方式侵犯他人知识产权的，注销登记，并且在《环境保护科学技术研究成果公报》上通报批评。

第二十一条　科技成果登记机构的工作人员擅自使用、披露、转让所登记成果的技术秘密，侵犯他人知识产权的，取消其承担该工作的资格，并追究相应的法律责任。

第五章　附　则

第二十二条　本细则自公布之日起施行。1992 年 2 月 20 日国家环境保护局第 7 号令发布的《国家环境保护局环境保护科学技术研究成果管理办法》中有关环保科技成果登记的条文与本细则规定不一致的，以本细则的规定为准。

环境保护科学技术奖励办法

国家环境保护总局关于印发

《环境保护科学技术奖励办法》的通知

环办〔2007〕39 号

各省、自治区、直辖市环境保护局（厅），国务院有关部门，国家级工业总公司，全国性行业联合会、协会、学会等机构，国家环境保护总局直属单位，国家环境保护重点实验室，国家环境保护工程技术中心，各有关单位：

　　为进一步规范环境保护科学技术奖励的各项管理工作，促进环境保护科技事业发展，我局对 2004 年印发的《环境保护科学技术奖励办法》（试行）进行了修订。现将修订后的《环境保护科学技术奖励办法》予以发布，该办法自发布之日起一个月后实施。

二○○七年三月二十七日

第一章　总　则

第一条　根据国务院《国家科学技术奖励条例》以及科学技术部和国家环境保护总局的有关规定，结合环境保护工作实际情况，制定本办法。

第二条　为了奖励在环境保护科学技术活动中做出突出贡献的单位和个人，调动广大环保科学技术工作者的积极性和创造性，促进环保科技事业发展，根据国家科学技术奖励工作办公室公告（国科奖字第 11 号），设立中国环境科学学会环境保护科学技术奖（以下简称"环保科技奖"）。

第三条　环保科技奖贯彻尊重知识、尊重人才的方针，遵循精神奖励与物质奖励相结合的原则，以精神奖励为主，物质奖励为辅。奖金主要根据自愿原则，由社会、企业等多方面筹集。

第四条　环保科技奖面向全社会，凡涉及环境保护领域科学技术成果的完成单位、组织或个人均可申报。

第五条　环保科技奖的推荐、评审和授奖，实行公开、公平、公正原则，不受任何组织或者个人干涉。

第二章　组织机构

第六条　设立环境保护科学技术奖励委员会（以下简称"奖励委员会"），负责对环保科技奖励工作进行指导和监督。奖励委员会主任由国家环境保护总局主管科技的领导担任。

　　奖励委员会根据每年申报项目情况，聘请环保及相关领域的专家、学者组成当年的环境保护科学技术奖励评审委员会（以下简称"评审委员会"），负责对当年环保科技奖的评审工作。评审委员会主任由国家环境保护总局推荐或提名。

奖励委员会下设环境保护科学技术奖励工作办公室（以下简称"奖励工作办公室"），奖励工作办公室由国家环境保护总局科技标准司和中国环境科学学会工作人员组成，负责环保科技奖励的日常工作。

第七条 奖励委员会主要职责是：

（一）制定或审核有关的管理规定；

（二）聘请具备资格的专家组成评审委员会；

（三）审定评审委员会的评审结果；

（四）研究、解决环保科技奖励工作中出现的其他重大问题。

第八条 评审委员会的职责是：

（一）负责环保科技奖项目的评审工作；

（二）向奖励委员会报告评审结果；

（三）对评审中出现的有关问题进行处理；

（四）对完善环保科技奖励工作提出咨询意见和建议。

评审委员要求具有渊博的专业知识，熟悉国内外环境科学技术发展动态，具备高级以上专业技术职称或相当职务，要求具有公正、公平、实事求是、认真负责的良好职业道德，身体健康，有能力全程参加评审会议。

评审委员会设主任委员。主任委员由国家环境保护总局推荐或提名，并经评审委员会半数以上委员同意方可。

第九条 奖励工作办公室负责环保科技奖日常工作。包括组织申报项目、对申报项目登记、对申报项目文档资料进行形式审查、承担评审会议会务工作、处理异议以及奖励委员会交办的其他事宜。

第三章　奖励范围和评审标准

第十条　环保科技奖的奖励范围包括：

（一）在环境保护基础研究和应用基础研究领域中，发现或者阐明自然现象特征和规律的，具有重要科学价值并得到科学界公认的科学研究成果；

（二）应用于环境污染防治、自然生态保护和核安全等领域，具有创新性并取得显著效益的产品、技术、工艺、材料等科学技术成果；

（三）为推动环境综合决策，促进环境、经济和社会协调发展，实现决策科学化和管理现代化，在环境保护战略、政策、规划、环境影响评价、核安全审评、标准、监测、信息、环保科普等方面，具有前瞻性、前沿性和创新性、并在实践中得到应用取得良好效果的软科学研究成果；

（四）在应用、推广、转化具有重大市场价值的环境保护应用技术成果中，做出创造性贡献并且取得显著的环境、社会和经济效益的成果；

（五）对引进国外先进环保设备仪器的制造技术，已消化吸收，自主生产出产品，具有较强的示范、带动和推广能力的技术成果；

（六）在华注册的国际组织或机构与中国的组织或机构合作开展环境保护技术研究开发，取得的科学技术成果。

第十一条　环保科技奖每年评审一次，奖励项目分为环境保护技术类研究项目和环境保护软科学类研究项目两类。

环保科技奖评审程序要实行固定化、规范化。原则上本年度的奖励工作要在上一年度十二月底以前，由国家环保总局下发项目征集通知，六月底之前组织进行专家评审，获奖项目公示，本年度年底之前由国家环保总局发布获奖项目公告，并举行获奖项目的颁奖大会。

第十二条　环保科技奖设一等奖、二等奖、三等奖。一等奖获奖数量不超过申报项目总和的5%，二等奖获奖数量不超过申报项目总和的15%，三等奖获奖数量不超过申报项目总和的20%。

一等奖授予在环境科学技术上有重大创新，技术难度大，总体技术水平、主要技术经济指标达到国际先进水平，得到广泛应用，取得重大环境效益，对推动经济发展和社会进步有重大意义和作用的项目；

或者授予技术难度和工作量很大，具有较高理论、学术水平和创新特色，对推动环境管理改革和环保事业发展起到关键作用，取得重大社会效益和环境效益的软科学研究项目。

二等奖授予在环境科学技术上有较大创新，技术难度较大，总体技术水平、主要技术经济指标达到国内领先水平，在较大范围应用，取得显著的环境效益，对推动经济发展和社会进步有较大意义和作用的项目；

或者授予技术难度和工作量大，在我国环境管理上有创新，对推动环境管理现代化和领导科学决策起到重要作用，取得很大社会效益和环境效益的软科学研究项目。

三等奖授予在环境科学技术上有创新，技术难度较大，总体技术水平、主要技术经济指标达到国内先进水平，取得较大环境效益，对推动经济发展和社会进步作用大的项目；

或者授予技术难度和工作量较大，结合我国环境管理实际，具有前瞻性和可行性，对推动环境管理现代化与领导科学决策起到显著作用，取得较大的社会效益和环境效益的软科学研究项目。

第四章　奖励项目推荐及评审

第十三条　环保科技奖项目由省、自治区、直辖市环境保护行政主管部门，国务院有关部门、国家级工业总公司、全国性行业联合会、协会、学会等机构，国家环境保护总局直属单位、国家环境保护总局重点实验室、国家环境保护总局工程技术中心，以及经奖励委员会确认的具有推荐资格的其他法人单位推荐或者由项目申报内容相关专业领域三位具有正高级以上职称的人员联合签名推荐（以下简称"奖励项目推荐单位（或推荐专家）"）。

符合本办法第四条规定的单位、组织或个人，可以向奖励项目推荐单位申报环保科技奖项目。

第十四条　被推荐的环保科技奖项目必须符合本办法第十条的规定，并经主管部门或相关机构进行科技成果鉴定、验收、评审或获得专利后，实际应用一年以上的科技成果，同时须符合下列条件之一：

（一）属于环保装备或工艺性研究的项目，必须完成生产性试验；

（二）能作为商品的项目，必须达到批量生产的水平；

（三）软科学研究项目成果，必须被使用部门接受并应用于决策和管理实践；

（四）基础研究与应用基础研究项目，必须在国内核心期刊（或国外公开刊物）上发表研究论文或者正式出版专著。

第十五条 推荐环保科技奖重大项目（总项目）时，应包括该项目所含的各子项目。具有独立应用价值的子项目，经总项目负责人同意，可单独推荐，但推荐总项目时应剔除子项目的技术内容，并注明子项目推荐及获奖情况。单独获奖的子项目，不再分享总项目的荣誉和奖金。

第十六条 正在研究中的项目、成果权属有异议的项目不得作为推荐项目；已获国家级、省级科学技术奖的项目原则上不得作为推荐项目。

第十七条 推荐环保科技奖项目，必须经项目完成人和项目完成单位同意后，按照规定格式、内容填写《环境保护科学技术奖推荐书》（以下简称"推荐书"）。

申报材料包括推荐书、技术评价证明（指在国内外权威刊物上发表论文情况，科技成果鉴定、验收和评审证书，专利证书，查新报告，检测报告和法定审批文件等）、引用或应用证明等。申报材料应装订成册，一式五份，其中一份为加盖推荐单位或组织印章的原件材料。有关技术资料（研究或研制报告等）一式三份，装订成册。

第十八条 环保科技奖候选人是指对推荐项目的完成做出创造性贡献的主要完成人员。具体包括：

（一）相关科学技术论著的主要作者；

（二）项目总体方案的具体设计者；

（三）对解决项目关键技术和疑难问题做出重要贡献者；

（四）项目转化投产、推广应用过程中重大技术难点的解决者；

（五）在高技术产业化方面做出重要贡献者等。

第十九条 环保科技奖候选单位应是在项目研制、开发、投产、应用和推广过程中提供技术、设备和人员等条件，对项目的完成起到组织、管理和协调作用的主要单位。

各级政府部门及工作人员原则上不得作为环保科技奖的候选单位或候选人。

第二十条 奖励项目推荐单位负责推荐项目的初审，并将初审合格的项目报奖励工作办公室。初审内容如下：

（一）推荐项目是否符合本办法的有关规定；

（二）推荐书是否符合填写说明的要求，附件是否齐全；

（三）推荐书的内容是否属实。

第二十一条 经评定未授奖的项目及项目候选人、候选单位，如果其项目在此后的研究开发活动中获得新的实质性进展，并符合本办法有关规定条件的，可以按照本办法的有关程序重新推荐。

第二十二条 奖励工作办公室负责申报项目文档资料的形式审查，形式审查主要包括：

（一）申报项目相关资料及其附件齐全，打印并装订成册；

（二）奖励范围、推荐单位、推荐条件、推荐程序等符合有关要求；

（三）申报题目与申报内容一致；

（四）主要完成单位、主要完成人资格、排序及数量符合规定；

（五）申报项目的技术内容和效益计算科学、合理；

（六）申报的项目在国家环境保护总局已完成成果登记；

（七）申报项目未获得过国家级、省级科学技术奖；已获得国家认可的有关社会奖励的项目可以申报环保科技奖；

（八）申报项目技术证明文件齐全，项目应经科技成果鉴定、验收、评审或获得专利后实际应用一年以上（含一年）；

（九）国家环境保护总局直属科研、事业单位申报的项目，应是列入国家环境保护总局环保科技发展计划的项目。

第二十三条 环保科技奖获奖项目的评审。

申报项目通过形式审查后，由评审委员会分专业组进行评审，其结果提交全体评审委员会议审议。

每一申报项目由评审委员会主任在征得评审委员本人同意后，指定一名评审委员为其主审人，一名或多名评审委员为其副主审人。

评审委员依据各申报项目性质，分别按照环境保护技术类研究项目和环境保护软科学类研究项目评审的指标，对申报项目进行评议，并由全体参会评审委员投票确定获奖项目及其奖励等级。

评审委员会评审项目时，须保证全体委员的三分之二以上（含三分之二）委员参加会议，并参加投票表决。

（一）环境保护技术类研究项目评审指标：

1. 环境技术创新程度

2. 项目难易程度或复杂程度

3. 主要环保技术经济指标的先进程度

4. 总体环保技术水平

5. 已获经济效益及投入产出比

6. 社会效益、环境效益

7. 发展前景及潜在效益

8. 转化、应用、推广程度

9. 对产业结构优化升级或实现技术跨越的作用

10. 对推动环保科学技术进步的作用

(二) 环境保护软科学类研究项目评审指标:

1. 观点、方法和理论的创新性

2. 工作难易程度或复杂程度

3. 对环境决策科学化和环境管理现代化的作用和影响

4. 研究成果科学价值和意义

5. 研究成果转化推广程度

6. 已实现的社会效益、环境效益及经济效益

7. 环境科研项目投入规模及其效益

8. 发展前景及潜在效

第二十四条 一等奖项目须得到参加投票评审委员三分之二以上 (含三分之二) 的赞成票, 二、三等奖项目须得到参加投票评审委员二分之一 (不含二分之一) 的赞成票, 方可生效。

第二十五条 参评项目环保科技奖候选人不得担任评审委员, 本单位有参评项目的评审委员不得担任该项目的主审人或副主审人。

评审委员和相关的工作人员应当对候选人和候选单位所完成项目的技术内容、知识产权及评审情况严格保密。

第二十六条 获奖项目实行名额限制, 具体限额根据当年项目申报情况, 由奖励工作办公室提出建议, 评审委员会会议决定。

第二十七条 环保科技奖单项授奖人数和授奖单位数实行限额。一等奖人数不超过 15 人, 单位不超过 7 个; 二等奖人数不超过 9 人, 单位不超过 5 个; 三等奖人数不超过 5 人, 单位不超过 3 个。

第五章　异议及处理

第二十八条　环保科技奖实行先评奖后异议的程序。评审委员会审议通过的获奖项目在国家环境保护总局网站和《中国环境报》上公示。

第二十九条　自评审结果公示之日起，30 日内为异议受理期。任何单位或个人对公示项目持有异议的，应在异议期内向奖励工作办公室提出，逾期不予受理。

第三十条　提出异议的单位或个人必须采用书面形式，写明异议者的真实姓名、工作单位、联系地址、邮政编码及联系电话。以组织名义提出异议的必须加盖公章。

异议材料一式两份寄奖励工作办公室。

第三十一条　涉及推荐项目候选人和候选单位的异议，由该项目的推荐单位负责处理，处理意见报评审委员会审定。

涉及对推荐项目是否达到环保科技奖励条件的异议，由该项目推荐单位提出意见后，报评审委员会确认或由评审委员会视需要召集有关专家审定确认。

属于对推荐项目评定等级提出异议的，不予受理。

对有重大异议的项目，奖励工作办公室将组织有关评委对获奖项目进行答辩或实地考核。必要时，报奖励委员会进行裁定。

在奖励工作办公室收到异议起 20 天内为异议处理期，超过 20 天异议未处理完的，经奖励委员会批准，作为本年度不予授奖项目处理。

第六章 授 奖

第三十二条 经过异议处理由评审委员会确认取消的项目，异议处理期未能处理完成经奖励委员会批准不予授奖的项目，不予授奖。

异议处理期结束后，奖励工作办公室将无异议项目或有异议但异议处理后保留项目的名称、获奖等级及获奖项目参加单位、人员，报奖励委员会审核。经批准后，这些项目为本年度环保科技奖获奖项目，在国家环境保护总局网站和《中国环境报》上向社会公布。

第三十三条 对获得环保科技奖项目的主要完成单位和个人，由奖励委员会颁发获奖证书和奖金。

第三十四条 环保科技奖是授予公民或者组织的荣誉，授奖证书不作为确定科学技术成果权属的直接依据。

第七章 附 则

第三十五条 国家环境保护总局在推荐国家科学技术奖项目时，对获得环保科技奖的获奖项目择优推荐。

第三十六条 剽窃、侵夺他人科学技术成果，或者以其他不正当手段骗取环保科技奖的，经查证属实，撤销奖励，追回证书和奖金。

第三十七条 推荐单位提供虚假材料，协助他人骗取环保科技奖的，视情节轻重，给予批评、暂停或取消推荐资格。

第三十八条 本办法自发布之日起一个月后施行。

环境行政处罚办法

中华人民共和国环境保护部令

第 8 号

　　《环境行政处罚办法》已由环境保护部 2009 年第三次部务会议于 2009 年 12 月 30 日修订通过。现将修订后的《环境行政处罚办法》公布，自 2010 年 3 月 1 日起施行。

　　1999 年 8 月 6 日原国家环境保护总局发布的《环境保护行政处罚办法》同时废止。

环境保护部部长

二〇一〇年一月十九日

第一章　总　则

第一条　【立法目的】 为规范环境行政处罚的实施，监督和保障环境保护主管部门依法行使职权，维护公共利益和社会秩序，保护公民、法人或者其他组织的合法权益，根据《中华人民共和国行政处罚法》及有关法律、法规，制定本办法。

第二条 【适用范围】公民、法人或者其他组织违反环境保护法律、法规或者规章规定，应当给予环境行政处罚的，应当依照《中华人民共和国行政处罚法》和本办法规定的程序实施。

第三条 【罚教结合】实施环境行政处罚，坚持教育与处罚相结合，服务与管理相结合，引导和教育公民、法人或者其他组织自觉守法。

第四条 【维护合法权益】实施环境行政处罚，应当依法维护公民、法人及其他组织的合法权益，保守相对人的有关技术秘密和商业秘密。

第五条 【查处分离】实施环境行政处罚，实行调查取证与决定处罚分开、决定罚款与收缴罚款分离的规定。

第六条 【规范自由裁量权】行使行政处罚自由裁量权必须符合立法目的，并综合考虑以下情节：

（一）违法行为所造成的环境污染、生态破坏程度及社会影响；

（二）当事人的过错程度；

（三）违法行为的具体方式或者手段；

（四）违法行为危害的具体对象；

（五）当事人是初犯还是再犯；

（六）当事人改正违法行为的态度和所采取的改正措施及效果。

同类违法行为的情节相同或者相似、社会危害程度相当的，行政处罚种类和幅度应当相当。

第七条 【不予处罚情形】违法行为轻微并及时纠正，没有造成危害后果的，不予行政处罚。

第八条 【回避情形】有下列情形之一的，案件承办人员应当回避：

（一）是本案当事人或者当事人近亲属的；

（二）本人或者近亲属与本案有直接利害关系的；

（三）法律、法规或者规章规定的其他回避情形。

符合回避条件的，案件承办人员应当自行回避，当事人也有权申请其回避。

第九条 【法条适用规则】当事人的一个违法行为同时违反两个以上环境法律、法规或者规章条款，应当适用效力等级较高的法律、法规或者规章；效力等级相同的，可以适用处罚较重的条款。

第十条 【处罚种类】根据法律、行政法规和部门规章，环境行政处罚的种类有：

（一）警告；

（二）罚款；

（三）责令停产整顿；

（四）责令停产、停业、关闭；

（五）暂扣、吊销许可证或者其他具有许可性质的证件；

（六）没收违法所得、没收非法财物；

（七）行政拘留；

（八）法律、行政法规设定的其他行政处罚种类。

第十一条 【责令改正与连续违法认定】环境保护主管部门

实施行政处罚时，应当及时作出责令当事人改正或者限期改正违法行为的行政命令。

责令改正期限届满，当事人未按要求改正，违法行为仍处于继续或者连续状态的，可以认定为新的环境违法行为。

第十二条 【责令改正形式】根据环境保护法律、行政法规和部门规章，责令改正或者限期改正违法行为的行政命令的具体形式有：

（一）责令停止建设；

（二）责令停止试生产；

（三）责令停止生产或者使用；

（四）责令限期建设配套设施；

（五）责令重新安装使用；

（六）责令限期拆除；

（七）责令停止违法行为；

（八）责令限期治理；

（九）法律、法规或者规章设定的责令改正或者限期改正违法行为的行政命令的其他具体形式。

根据最高人民法院关于行政行为种类和规范行政案件案由的规定，行政命令不属行政处罚。行政命令不适用行政处罚程序的规定。

第十三条 【处罚不免除缴纳排污费义务】实施环境行政处罚，不免除当事人依法缴纳排污费的义务。

第二章　实施主体与管辖

第十四条 【处罚主体】县级以上环境保护主管部门在法定

职权范围内实施环境行政处罚。

经法律、行政法规、地方性法规授权的环境监察机构在授权范围内实施环境行政处罚，适用本办法关于环境保护主管部门的规定。

第十五条 【委托处罚】环境保护主管部门可以在其法定职权范围内委托环境监察机构实施行政处罚。受委托的环境监察机构在委托范围内，以委托其处罚的环境保护主管部门名义实施行政处罚。

委托处罚的环境保护主管部门，负责监督受委托的环境监察机构实施行政处罚的行为，并对该行为的后果承担法律责任。

第十六条 【外部移送】发现不属于环境保护主管部门管辖的案件，应当按照有关要求和时限移送有管辖权的机关处理。

涉嫌违法依法应当由人民政府实施责令停产整顿、责令停业、关闭的案件，环境保护主管部门应当立案调查，并提出处理建议报本级人民政府。

涉嫌违法依法应当实施行政拘留的案件，移送公安机关。

涉嫌违反党纪、政纪的案件，移送纪检、监察部门。

涉嫌犯罪的案件，按照《行政执法机关移送涉嫌犯罪案件的规定》等有关规定移送司法机关，不得以行政处罚代替刑事处罚。

第十七条 【案件管辖】县级以上环境保护主管部门管辖本行政区域的环境行政处罚案件。

造成跨行政区域污染的行政处罚案件，由污染行为发生地环境保护主管部门管辖。

第十八条 【优先管辖】两个以上环境保护主管部门都有管辖权的环境行政处罚案件，由最先发现或者最先接到举报的环境保护主管部门管辖。

第十九条 【管辖争议解决】对行政处罚案件的管辖权发生争议时，争议双方应报请共同的上一级环境保护主管部门指定管辖。

第二十条 【指定管辖】下级环境保护主管部门认为其管辖的案件重大、疑难或者实施处罚有困难的，可以报请上一级环境保护主管部门指定管辖。

上一级环境保护主管部门认为下级环境保护主管部门实施处罚确有困难或者不能独立行使处罚权的，经通知下级环境保护主管部门和当事人，可以对下级环境保护主管部门管辖的案件指定管辖。

上级环境保护主管部门可以将其管辖的案件交由有管辖权的下级环境保护主管部门实施行政处罚。

第二十一条 【内部移送】不属于本机关管辖的案件，应当移送有管辖权的环境保护主管部门处理。

受移送的环境保护主管部门对管辖权有异议的，应当报请共同的上一级环境保护主管部门指定管辖，不得再自行移送。

第三章 一般程序

第一节 立 案

第二十二条 【立案条件】环境保护主管部门对涉嫌违反环境保护法律、法规和规章的违法行为，应当进行初步审查，并在7个工作日内决定是否立案。

经审查，符合下列四项条件的，予以立案：

（一）有涉嫌违反环境保护法律、法规和规章的行为；

（二）依法应当或者可以给予行政处罚；

（三）属于本机关管辖；

（四）违法行为发生之日起到被发现之日止未超过 2 年，法律另有规定的除外。违法行为处于连续或继续状态的，从行为终了之日起计算。

第二十三条 【撤销立案】对已经立案的案件，根据新情况发现不符合第二十二条立案条件的，应当撤销立案。

第二十四条 【紧急案件先行调查取证】对需要立即查处的环境违法行为，可以先行调查取证，并在 7 个工作日内决定是否立案和补办立案手续。

第二十五条 【立案审查后的案件移送】经立案审查，属于环境保护主管部门管辖，但不属于本机关管辖范围的，应当移送有管辖权的环境保护主管部门；属于其他有关部门管辖范围的，应当移送其他有关部门。

第二节　调查取证

第二十六条 【专人负责调查取证】环境保护主管部门对登记立案的环境违法行为，应当指定专人负责，及时组织调查取证。

第二十七条 【协助调查取证】需要委托其他环境保护主管部门协助调查取证的，应当出具书面委托调查函。

受委托的环境保护主管部门应当予以协助。无法协助的，应当及时将无法协助的情况和原因函告委托机关。

第二十八条 【调查取证出示证件】调查取证时，调查人员不得少于两人，并应当出示中国环境监察证或者其他行政执法证件。

第二十九条 【调查人员职权】调查人员有权采取下列措施：

（一）进入有关场所进行检查、勘察、取样、录音、拍照、录像；

（二）询问当事人及有关人员，要求其说明相关事项和提供有关材料；

（三）查阅、复制生产记录、排污记录和其他有关材料。

环境保护主管部门组织的环境监测等技术人员随同调查人员进行调查时，有权采取上述措施和进行监测、试验。

第三十条 【调查人员责任】调查人员负有下列责任：

（一）对当事人的基本情况、违法事实、危害后果、违法情节等情况进行全面、客观、及时、公正的调查；

（二）依法收集与案件有关的证据，不得以暴力、威胁、引诱、欺骗以及其他违法手段获取证据；

（三）询问当事人、证人或者其他有关人员，应当告知其依法享有的权利；

（四）对当事人、证人或者其他有关人员的陈述如实记录。

第三十一条 【当事人配合调查】当事人及有关人员应当配合调查、检查或者现场勘验，如实回答询问，不得拒绝、阻碍、隐瞒或者提供虚假情况。

第三十二条 【证据类别】环境行政处罚证据，主要有书证、物证、证人证言、视听资料和计算机数据、当事人陈述、监测报告和其他鉴定结论、现场检查（勘察）笔录等形式。

证据应当符合法律、法规、规章和最高人民法院有关行政执法和行政诉讼证据的规定，并经查证属实才能作为认定事实的依据。

第三十三条　【现场检查笔录】对有关物品或者场所进行检查时，应当制作现场检查（勘察）笔录，可以采取拍照、录像或者其他方式记录现场情况。

第三十四条　【现场检查取样】需要取样的，应当制作取样记录或者将取样过程记入现场检查（勘察）笔录，可以采取拍照、录像或者其他方式记录取样情况。

第三十五条　【监测报告要求】环境保护主管部门组织监测的，应当提出明确具体的监测任务，并要求提交监测报告。

监测报告必须载明下列事项：

（一）监测机构的全称；

（二）监测机构的国家计量认证标志（CMA）和监测字号；

（三）监测项目的名称、委托单位、监测时间、监测点位、监测方法、检测仪器、检测分析结果等内容；

（四）监测报告的编制、审核、签发等人员的签名和监测机构的盖章。

第三十六条　【在线监测数据可为证据】环境保护主管部门可以利用在线监控或者其他技术监控手段收集违法行为证据。经环境保护主管部门认定的有效性数据，可以作为认定违法事实的证据。

第三十七条　【现场监测数据可为证据】环境保护主管部门在对排污单位进行监督检查时，可以现场即时采样，监测结果可以作为判定污染物排放是否超标的证据。

第三十八条　【证据的登记保存】在证据可能灭失或者以后难以取得的情况下，经本机关负责人批准，调查人员可以采取先行登记保存措施。

情况紧急的，调查人员可以先采取登记保存措施，再报请机关负责人批准。

先行登记保存有关证据，应当当场清点，开具清单，由当事人和调查人员签名或者盖章。

先行登记保存期间，不得损毁、销毁或者转移证据。

第三十九条 【登记保存措施与解除】对于先行登记保存的证据，应当在 7 个工作日内采取以下措施：

（一）根据情况及时采取记录、复制、拍照、录像等证据保全措施；

（二）需要鉴定的，送交鉴定；

（三）根据有关法律、法规规定可以查封、暂扣的，决定查封、暂扣；

（四）违法事实不成立，或者违法事实成立但依法不应当查封、暂扣或者没收的，决定解除先行登记保存措施。

超过 7 个工作日未作出处理决定的，先行登记保存措施自动解除。

第四十条 【依法实施查封暂扣】实施查封、暂扣等行政强制措施，应当有法律、法规的明确规定，并应当告知当事人有申请行政复议和提起行政诉讼的权利。

第四十一条 【查封暂扣实施要求】查封、暂扣当事人的财物，应当当场清点，开具清单，由调查人员和当事人签名或者盖章。

查封、暂扣的财物应当妥善保管，严禁动用、调换、损毁或者变卖。

第四十二条 【查封暂扣解除】经查明与违法行为无关或者

不再需要采取查封、暂扣措施的，应当解除查封、暂扣措施，将查封、暂扣的财物如数返还当事人，并由调查人员和当事人在财物清单上签名或者盖章。

第四十三条 【当事人与现场调查取证】环境保护主管部门调查取证时，当事人应当到场。

下列情形不影响调查取证的进行：

（一）当事人拒不到场的；

（二）无法找到当事人的；

（三）当事人拒绝签名、盖章或者以其他方式确认的；

（四）暗查或者其他方式调查的；

（五）当事人未到场的其他情形。

第四十四条 【调查终结】有下列情形之一的，可以终结调查：

（一）违法事实清楚、法律手续完备、证据充分的；

（二）违法事实不成立的；

（三）作为当事人的自然人死亡的；

（四）作为当事人的法人或者其他组织终止，无法人或者其他组织承受其权利义务，又无其他关系人可以追查的；

（五）发现不属于本机关管辖的；

（六）其他依法应当终结调查的情形。

第四十五条 【案件移送审查】终结调查的，案件调查机构应当提出已查明违法行为的事实和证据、初步处理意见，按照查处分离的原则送本机关处罚案件审查部门审查。

第三节 案件审查

第四十六条 【案件审查的内容】案件审查的主要内容包括：

（一）本机关是否有管辖权；

（二）违法事实是否清楚；

（三）证据是否确凿；

（四）调查取证是否符合法定程序；

（五）是否超过行政处罚追诉时效；

（六）适用依据和初步处理意见是否合法、适当。

第四十七条 【补充或重新调查取证】违法事实不清、证据不充分或者调查程序违法的，应当退回补充调查取证或者重新调查取证。

第四节　告知和听证

第四十八条 【处罚告知和听证】在作出行政处罚决定前，应当告知当事人有关事实、理由、依据和当事人依法享有的陈述、申辩权利。

在作出暂扣或吊销许可证、较大数额的罚款和没收等重大行政处罚决定之前，应当告知当事人有要求举行听证的权利。

第四十九条 【当事人申辩的处理】环境保护主管部门应当对当事人提出的事实、理由和证据进行复核。当事人提出的事实、理由或者证据成立的，应当予以采纳。

不得因当事人的申辩而加重处罚。

第五十条 【处罚听证的执行】行政处罚听证按有关规定执行。

第五节　处理决定

第五十一条 【处罚决定】本机关负责人经过审查，分别作出如下处理：

（一）违法事实成立，依法应当给予行政处罚的，根据其情节轻重及具体情况，作出行政处罚决定；

（二）违法行为轻微，依法可以不予行政处罚的，不予行政处罚；

（三）符合本办法第十六条情形之一的，移送有权机关处理。

第五十二条　【重大案件集体审议】案情复杂或者对重大违法行为给予较重的行政处罚，环境保护主管部门负责人应当集体审议决定。

集体审议过程应当予以记录。

第五十三条　【处罚决定书的制作】决定给予行政处罚的，应当制作行政处罚决定书。

对同一当事人的两个或者两个以上环境违法行为，可以分别制作行政处罚决定书，也可以列入同一行政处罚决定书。

第五十四条　【处罚决定书的内容】行政处罚决定书应当载明以下内容：

（一）当事人的基本情况，包括当事人姓名或者名称、组织机构代码、营业执照号码、地址等；

（二）违反法律、法规或者规章的事实和证据；

（三）行政处罚的种类、依据和理由；

（四）行政处罚的履行方式和期限；

（五）不服行政处罚决定，申请行政复议或者提起行政诉讼的途径和期限；

（六）作出行政处罚决定的环境保护主管部门名称和作出决定的日期，并且加盖作出行政处罚决定环境保护主管部门的印章。

第五十五条 【作出处罚决定的时限】环境保护行政处罚案件应当自立案之日起的 3 个月内作出处理决定。案件办理过程中听证、公告、监测、鉴定、送达等时间不计入期限。

第五十六条 【处罚决定的送达】行政处罚决定书应当送达当事人，并根据需要抄送与案件有关的单位和个人。

第五十七条 【送达方式】送达行政处罚文书可以采取直接送达、留置送达、委托送达、邮寄送达、转交送达、公告送达、公证送达或者其他方式。

送达行政处罚文书应当使用送达回证并存档。

第四章 简易程序

第五十八条 【简易程序的适用】违法事实确凿、情节轻微并有法定依据，对公民处以 50 元以下、对法人或者其他组织处以 1000 元以下罚款或者警告的行政处罚，可以适用本章简易程序，当场作出行政处罚决定。

第五十九条 【简易程序规定】当场作出行政处罚决定时，环境执法人员不得少于两人，并应遵守下列简易程序：

（一）执法人员应向当事人出示中国环境监察证或者其他行政执法证件；

（二）现场查清当事人的违法事实，并依法取证；

（三）向当事人说明违法的事实、行政处罚的理由和依据、拟给予的行政处罚，告知陈述、申辩权利；

（四）听取当事人的陈述和申辩；

（五）填写预定格式、编有号码、盖有环境保护主管部门印章的行政处罚决定书，由执法人员签名或者盖章，并将行政处罚决定书当场交付当事人；

（六）告知当事人如对当场作出的行政处罚决定不服，可以依法申请行政复议或者提起行政诉讼。

以上过程应当制作笔录。

执法人员当场作出的行政处罚决定，应当在决定之日起3个工作日内报所属环境保护主管部门备案。

第五章　执　行

第六十条　【处罚决定的履行】当事人应当在行政处罚决定书确定的期限内，履行处罚决定。

申请行政复议或者提起行政诉讼的，不停止行政处罚决定的执行。

第六十一条　【强制执行的适用】当事人逾期不申请行政复议、不提起行政诉讼、又不履行处罚决定的，由作出处罚决定的环境保护主管部门申请人民法院强制执行。

第六十二条　【强制执行的期限】申请人民法院强制执行应当符合《最高人民法院关于执行〈中华人民共和国行政诉讼法〉若干问题的解释》的规定，并在下列期限内提起：

（一）行政处罚决定书送达后当事人未申请行政复议且未提起行政诉讼的，在处罚决定书送达之日起60日后起算的180日内；

（二）复议决定书送达后当事人未提起行政诉讼的，在复议决定书送达之日起15日后起算的180日内；

（三）第一审行政判决后当事人未提出上诉的，在判决书送达之日起 15 日后起算的 180 日内；

（四）第一审行政裁定后当事人未提出上诉的，在裁定书送达之日起 10 日后起算的 180 日内；

（五）第二审行政判决书送达之日起 180 日内。

第六十三条　【被处罚企业资产重组后的执行】当事人实施违法行为，受到处以罚款、没收违法所得或者没收非法财物等处罚后，发生企业分立、合并或者其他资产重组等情形，由承受当事人权利义务的法人、其他组织作为被执行人。

第六十四条　【延期或者分期缴纳罚款】确有经济困难，需要延期或者分期缴纳罚款的，当事人应当在行政处罚决定书确定的缴纳期限届满前，向作出行政处罚决定的环境保护主管部门提出延期或者分期缴纳的书面申请。

批准当事人延期或者分期缴纳罚款的，应当制作同意延期（分期）缴纳罚款通知书，并送达当事人和收缴罚款的机构。延期或者分期缴纳的最后一期缴纳时间不得晚于申请人民法院强制执行的最后期限。

第六十五条　【没收物品的处理】依法没收的非法财物，应当按照国家规定处理。

销毁物品，应当按照国家有关规定处理；没有规定的，经环境保护主管部门负责人批准，由两名以上环境执法人员监督销毁，并制作销毁记录。

处理物品应当制作清单。

第六十六条　【罚没款上缴国库】罚没款及没收物品的变价款，应当全部上缴国库，任何单位和个人不得截留、私分或者变相私分。

第六章　结案和归档

第六十七条　【结案】有下列情形之一的，应当结案：

（一）行政处罚决定由当事人履行完毕的；

（二）行政处罚决定依法强制执行完毕的；

（三）不予行政处罚等无须执行的；

（四）行政处罚决定被依法撤销的；

（五）环境保护主管部门认为可以结案的其他情形。

第六十八条　【立卷归档】结案的行政处罚案件，应当按照下列要求将案件材料立卷归档：

（一）一案一卷，案卷可以分正卷、副卷；

（二）各类文书齐全，手续完备；

（三）书写文书用签字笔、钢笔或者打印；

（四）案卷装订应当规范有序，符合文档要求。

第六十九条　【归档顺序】正卷按下列顺序装订：

（一）行政处罚决定书及送达回证；

（二）立案审批材料；

（三）调查取证及证据材料；

（四）行政处罚事先告知书、听证告知书、听证通知书等法律文书及送达回证；

（五）听证笔录；

（六）财物处理材料；

（七）执行材料；

（八）结案材料；

（九）其他有关材料。

副卷按下列顺序装订：

（一）投诉、申诉、举报等案源材料；

（二）涉及当事人有关技术秘密和商业秘密的材料；

（三）听证报告；

（四）审查意见；

（五）集体审议记录；

（六）其他有关材料。

第七十条 【案卷管理】案卷归档后，任何单位、个人不得修改、增加、抽取案卷材料。案卷保管及查阅，按档案管理有关规定执行。

第七十一条 【案件统计】环境保护主管部门应当建立行政处罚案件统计制度，并按照环境保护部有关环境统计的规定向上级环境保护主管部门报送本行政区的行政处罚情况。

第七章 监 督

第七十二条 【信息公开】除涉及国家机密、技术秘密、商业秘密和个人隐私外，行政处罚决定应当向社会公开。

第七十三条 【监督检查】上级环境保护主管部门负责对下级环境保护主管部门的行政处罚工作情况进行监督检查。

第七十四条 【处罚备案】环境保护主管部门应当建立行政处罚备案制度。

下级环境保护主管部门对上级环境保护主管部门督办的处罚案件，应当在结案后 20 日内向上一级环境保护主管部门备案。

第七十五条 【纠正、撤销或变更】环境保护主管部门通过接受当事人的申诉和检举，或者通过备案审查等途径，发现下级环境保护主管部门的行政处罚决定违法或者显失公正的，应当督促其纠正。

环境保护主管部门经过行政复议，发现下级环境保护主管部门作出的行政处罚违法或者显失公正的，依法撤销或者变更。

第七十六条 【评议和表彰】环境保护主管部门可以通过案件评查或者其他方式评议行政处罚工作。对在行政处罚工作中做出显著成绩的单位和个人，可依照国家或者地方的有关规定给予表彰和奖励。

第八章 附 则

第七十七条 【违法所得的认定】当事人违法所获得的全部收入扣除当事人直接用于经营活动的合理支出，为违法所得。

法律、法规或者规章对"违法所得"的认定另有规定的，从其规定。

第七十八条 【较大数额罚款的界定】本办法第四十八条所称"较大数额"罚款和没收，对公民是指人民币（或者等值物品价值）5000元以上、对法人或者其他组织是指人民币（或者等值物品价值）50000元以上。

地方性法规、地方政府规章对"较大数额"罚款和没收的限额另有规定的，从其规定。

第七十九条 【期间规定】本办法有关期间的规定，除注明工作日（不包含节假日）外，其他期间按自然日计算。

期间开始之日，不计算在内。期间届满的最后一日是节假日的，以节假日后的第一日为期间届满的日期。期间不包括在途时间，行政处罚文书在期满前交邮的，视为在有效期内。

第八十条 【相关法规适用】本办法未作规定的其他事项，适用《行政处罚法》、《罚款决定与罚款收缴分离实施办法》、《环境保护违法违纪行为处分暂行规定》等有关法律、法规和规章的规定。

第八十一条 【核安全处罚适用例外】核安全监督管理的行政处罚，按照国家有关核安全监督管理的规定执行。

第八十二条 【生效日期】本办法自 2010 年 3 月 1 日起施行。

1999 年 8 月 6 日原国家环境保护总局发布的《环境保护行政处罚办法》同时废止。

附 录

最高人民法院 最高人民检察院
关于办理环境污染刑事案件
适用法律若干问题的解释

法释〔2016〕29 号

（2016 年 11 月 7 日最高人民法院审判委员会第 1698
次会议、2016 年 12 月 8 日最高人民检察院第十二届检察
委员会第 58 次会议通过，自 2017 年 1 月 1 日起施行）

为依法惩治有关环境污染犯罪，根据《中华人民共和国刑法》
《中华人民共和国刑事诉讼法》的有关规定，现就办理此类刑事案
件适用法律的若干问题解释如下：

第一条 实施刑法第三百三十八条规定的行为，具有下列情
形之一的，应当认定为"严重污染环境"：

（一）在饮用水水源一级保护区、自然保护区核心区排放、倾
倒、处置有放射性的废物、含传染病病原体的废物、有毒物质的；

（二）非法排放、倾倒、处置危险废物三吨以上的；

（三）排放、倾倒、处置含铅、汞、镉、铬、砷、铊、锑的污

染物，超过国家或者地方污染物排放标准三倍以上的；

（四）排放、倾倒、处置含镍、铜、锌、银、钒、锰、钴的污染物，超过国家或者地方污染物排放标准十倍以上的；

（五）通过暗管、渗井、渗坑、裂隙、溶洞、灌注等逃避监管的方式排放、倾倒、处置有放射性的废物、含传染病病原体的废物、有毒物质的；

（六）二年内曾因违反国家规定，排放、倾倒、处置有放射性的废物、含传染病病原体的废物、有毒物质受过两次以上行政处罚，又实施前列行为的；

（七）重点排污单位篡改、伪造自动监测数据或者干扰自动监测设施，排放化学需氧量、氨氮、二氧化硫、氮氧化物等污染物的；

（八）违法减少防治污染设施运行支出一百万元以上的；

（九）违法所得或者致使公私财产损失三十万元以上的；

（十）造成生态环境严重损害的；

（十一）致使乡镇以上集中式饮用水水源取水中断十二小时以上的；

（十二）致使基本农田、防护林地、特种用途林地五亩以上，其他农用地十亩以上，其他土地二十亩以上基本功能丧失或者遭受永久性破坏的；

（十三）致使森林或者其他林木死亡五十立方米以上，或者幼树死亡二千五百株以上的；

（十四）致使疏散、转移群众五千人以上的；

（十五）致使三十人以上中毒的；

（十六）致使三人以上轻伤、轻度残疾或者器官组织损伤导致一般功能障碍的；

（十七）致使一人以上重伤、中度残疾或者器官组织损伤导致严重功能障碍的；

（十八）其他严重污染环境的情形。

第二条 实施刑法第三百三十九条、第四百零八条规定的行为，致使公私财产损失三十万元以上，或者具有本解释第一条第十项至第十七项规定情形之一的，应当认定为"致使公私财产遭受重大损失或者严重危害人体健康"或者"致使公私财产遭受重大损失或者造成人身伤亡的严重后果"。

第三条 实施刑法第三百三十八条、第三百三十九条规定的行为，具有下列情形之一的，应当认定为"后果特别严重"：

（一）致使县级以上城区集中式饮用水水源取水中断十二小时以上的；

（二）非法排放、倾倒、处置危险废物一百吨以上的；

（三）致使基本农田、防护林地、特种用途林地十五亩以上，其他农用地三十亩以上，其他土地六十亩以上基本功能丧失或者遭受永久性破坏的；

（四）致使森林或者其他林木死亡一百五十立方米以上，或者幼树死亡七千五百株以上的；

（五）致使公私财产损失一百万元以上的；

（六）造成生态环境特别严重损害的；

（七）致使疏散、转移群众一万五千人以上的；

（八）致使一百人以上中毒的；

（九）致使十人以上轻伤、轻度残疾或者器官组织损伤导致一般功能障碍的；

（十）致使三人以上重伤、中度残疾或者器官组织损伤导致严重功能障碍的；

（十一）致使一人以上重伤、中度残疾或者器官组织损伤导致严重功能障碍，并致使五人以上轻伤、轻度残疾或者器官组织损伤导致一般功能障碍的；

（十二）致使一人以上死亡或者重度残疾的；

（十三）其他后果特别严重的情形。

第四条 实施刑法第三百三十八条、第三百三十九条规定的犯罪行为，具有下列情形之一的，应当从重处罚：

（一）阻挠环境监督检查或者突发环境事件调查，尚不构成妨害公务等犯罪的；

（二）在医院、学校、居民区等人口集中地区及其附近，违反国家规定排放、倾倒、处置有放射性的废物、含传染病病原体的废物、有毒物质或者其他有害物质的；

（三）在重污染天气预警期间、突发环境事件处置期间或者被责令限期整改期间，违反国家规定排放、倾倒、处置有放射性的废物、含传染病病原体的废物、有毒物质或者其他有害物质的；

（四）具有危险废物经营许可证的企业违反国家规定排放、倾倒、处置有放射性的废物、含传染病病原体的废物、有毒物质或者其他有害物质的。

第五条 实施刑法第三百三十八条、第三百三十九条规定的行为，刚达到应当追究刑事责任的标准，但行为人及时采取措施，防止损失扩大、消除污染，全部赔偿损失，积极修复生态环境，且系初犯，确有悔罪表现的，可以认定为情节轻微，不起诉或者免予刑事处罚；确有必要判处刑罚的，应当从宽处罚。

第六条 无危险废物经营许可证从事收集、贮存、利用、处置危险废物经营活动，严重污染环境的，按照污染环境罪定罪处罚；同时构成非法经营罪的，依照处罚较重的规定定罪处罚。

实施前款规定的行为，不具有超标排放污染物、非法倾倒污染物或者其他违法造成环境污染的情形的，可以认定为非法经营情节显著轻微危害不大，不认为是犯罪；构成生产、销售伪劣产品等其他犯罪的，以其他犯罪论处。

第七条 明知他人无危险废物经营许可证，向其提供或者委托其收集、贮存、利用、处置危险废物，严重污染环境的，以共同犯罪论处。

第八条 违反国家规定，排放、倾倒、处置含有毒害性、放射性、传染病病原体等物质的污染物，同时构成污染环境罪、非法处置进口的固体废物罪、投放危险物质罪等犯罪的，依照处罚较重的规定定罪处罚。

第九条 环境影响评价机构或其人员，故意提供虚假环境影响评价文件，情节严重的，或者严重不负责任，出具的环境影响评价文件存在重大失实，造成严重后果的，应当依照刑法第二百二十九条、第二百三十一条的规定，以提供虚假证明文件罪或者出具证明文件重大失实罪定罪处罚。

第十条 违反国家规定，针对环境质量监测系统实施下列行为，或者强令、指使、授意他人实施下列行为的，应当依照刑法第二百八十六条的规定，以破坏计算机信息系统罪论处：

（一）修改参数或者监测数据的；

（二）干扰采样，致使监测数据严重失真的；

（三）其他破坏环境质量监测系统的行为。

重点排污单位篡改、伪造自动监测数据或者干扰自动监测设施，排放化学需氧量、氨氮、二氧化硫、氮氧化物等污染物，同时构成污染环境罪和破坏计算机信息系统罪的，依照处罚较重的规定定罪处罚。

从事环境监测设施维护、运营的人员实施或者参与实施篡改、伪造自动监测数据、干扰自动监测设施、破坏环境质量监测系统等行为的，应当从重处罚。

第十一条 单位实施本解释规定的犯罪的，依照本解释规定的定罪量刑标准，对直接负责的主管人员和其他直接责任人员定罪处罚，并对单位判处罚金。

第十二条 环境保护主管部门及其所属监测机构在行政执法过程中收集的监测数据，在刑事诉讼中可以作为证据使用。

公安机关单独或者会同环境保护主管部门，提取污染物样品进行检测获取的数据，在刑事诉讼中可以作为证据使用。

第十三条 对国家危险废物名录所列的废物，可以依据涉案物质的来源、产生过程、被告人供述、证人证言以及经批准或者备案的环境影响评价文件等证据，结合环境保护主管部门、公安机关等出具的书面意见作出认定。

对于危险废物的数量，可以综合被告人供述，涉案企业的生产工艺、物耗、能耗情况，以及经批准或者备案的环境影响评价文件等证据作出认定。

第十四条 对案件所涉的环境污染专门性问题难以确定的，依据司法鉴定机构出具的鉴定意见，或者国务院环境保护主管部门、公安部门指定的机构出具的报告，结合其他证据作出认定。

第十五条 下列物质应当认定为刑法第三百三十八条规定的

"有毒物质"：

（一）危险废物，是指列入国家危险废物名录，或者根据国家规定的危险废物鉴别标准和鉴别方法认定的，具有危险特性的废物；

（二）《关于持久性有机污染物的斯德哥尔摩公约》附件所列物质；

（三）含重金属的污染物；

（四）其他具有毒性，可能污染环境的物质。

第十六条 无危险废物经营许可证，以营利为目的，从危险废物中提取物质作为原材料或者燃料，并具有超标排放污染物、非法倾倒污染物或者其他违法造成环境污染的情形的行为，应当认定为"非法处置危险废物"。

第十七条 本解释所称"二年内"，以第一次违法行为受到行政处罚的生效之日与又实施相应行为之日的时间间隔计算确定。

本解释所称"重点排污单位"，是指设区的市级以上人民政府环境保护主管部门依法确定的应当安装、使用污染物排放自动监测设备的重点监控企业及其他单位。

本解释所称"违法所得"，是指实施刑法第三百三十八条、第三百三十九条规定的行为所得和可得的全部违法收入。

本解释所称"公私财产损失"，包括实施刑法第三百三十八条、第三百三十九条规定的行为直接造成财产损毁、减少的实际价值，为防止污染扩大、消除污染而采取必要合理措施所产生的费用，以及处置突发环境事件的应急监测费用。

本解释所称"生态环境损害"，包括生态环境修复费用，生态环境修复期间服务功能的损失和生态环境功能永久性损害造成的损失，以及其他必要合理费用。

本解释所称"无危险废物经营许可证"，是指未取得危险废物经营许可证，或者超出危险废物经营许可证的经营范围。

第十八条 本解释自 2017 年 1 月 1 日起施行。本解释施行后，《最高人民法院、最高人民检察院关于办理环境污染刑事案件适用法律若干问题的解释》（法释〔2013〕15 号）同时废止；之前发布的司法解释与本解释不一致的，以本解释为准。

环境保护档案管理办法

中华人民共和国环境保护部　国家档案局令

第 43 号

　　《环境保护档案管理办法》已于 2016 年 10 月 18 日由环境保护部部务会议修订通过，现予公布，自 2017 年 3 月 1 日起施行。原国家环境保护局、国家档案局发布的《环境保护档案管理办法》（原国家环境保护局 国家档案局令第 13 号）同时废止。

环境保护部部长

国家档案局局长

2016 年 12 月 27 日

第一章　总　则

　　第一条　为了加强环境保护档案的形成、管理和保护工作，开发利用环境保护档案信息资源，根据《中华人民共和国档案法》及其实施办法、《中华人民共和国环境保护法》等相关法律法规，结合环境保护工作实际，制定本办法。

第二条　本办法所称环境保护档案，是指各级环境保护主管部门及其派出机构、直属单位（以下简称环境保护部门），在环境保护各项工作和活动中形成的，对国家、社会和单位具有利用价值、应当归档保存的各种形式和载体的历史记录，主要包括文书档案、音像（照片、录音、录像）档案、科技档案、会计档案、人事档案、基建档案及电子档案等。

第三条　环境保护档案工作是环境保护部门的重要职责，实行统一领导、分级管理。

第四条　国务院环境保护主管部门对环境保护档案管理工作实行监督和指导，在业务上接受国家档案行政管理部门的监督和指导。

地方各级环境保护主管部门对本行政区域内环境保护档案管理工作实行监督和指导，在业务上接受同级档案行政管理部门和上级环境保护主管部门的监督和指导。

第二章　环境保护部门档案
工作职责

第五条　环境保护部门应当加强对档案工作的领导，完善档案工作管理体制，建立档案管理机构，配备政治可靠、责任心强、具备档案管理及环境保护相关专业知识和业务技能的正式专职档案管理人员。环境保护部门办公厅（室）档案管理机构归口负责本部门档案管理工作。

第六条　环境保护部门应当将档案工作纳入本部门发展规划和年度工作计划，列入工作考核检查内容，及时研究并协调解决档案工作中的重大问题，确保档案工作与本部门整体工作同步协调发展。

第七条　环境保护部门应当按照部门预算编制和管理的有关规定，科学合理核定档案工作经费，并列入同级财政预算，加强对档案工作经费的审计和绩效考核，确保科学使用、专款专用。

第八条　环境保护部门应当按照国家有关档案管理的规定，确定文件材料的具体接收范围，包括本部门在各项工作和活动中形成的具有利用价值、应当归档保存的各种形式和载体的历史记录，以及与本部门有关的撤销或者合并部门的全部档案。

第九条　环境保护部门应当将档案信息化建设纳入本部门信息化建设同步实施，推进文档一体化管理，实现资源数字化、利用网络化、管理智能化。

第十条　环境保护部门应当为开展档案管理工作提供必要条件。档案管理人员办公室、档案库房、阅档室和档案整理间应当分开。

第十一条　环境保护部门应当加强档案基础设施建设，改善档案安全管理条件，提供符合设计规范的专用库房，配备防盗、防火、防潮、防水、防尘、防光、防鼠、防虫等安全设施，以及计算机、复印机、打印机、扫描仪、照相机、摄像机、防磁柜等工作设备。

第十二条　环境保护部门应当将档案管理人员培训、交流、使用列入干部培养和选拔任用统一规划，统筹安排，为档案管理人员学习培训、挂职锻炼、交流任职等创造条件。档案管理人员的职务晋升或者职称评定、业务能力考核，按照国家有关规定执行，并享有专业人员的同等待遇。

第十三条　环境保护部门应当按照《中华人民共和国保守国家秘密法》等有关法律法规，确保环境保护档案安全保密和有效利用。

第三章　档案管理机构、文件（项目）承办单位职责

第十四条　环境保护部门的档案管理机构应当履行下列职责：

（一）贯彻执行国家档案法律法规和工作方针、政策。经国家档案行政管理部门同意，国务院环境保护主管部门的档案管理机构负责研究制定环境保护档案管理规章制度、行业标准和技术规范并组织实施。地方各级环境保护主管部门的档案管理机构依据上级环境保护主管部门和档案行政管理部门的相关制度要求，制定本行政区域内环境保护档案管理工作制度并组织实施。

（二）负责本部门档案的统一管理，地方各级环境保护主管部门的档案管理机构对本行政区域内环境保护档案管理工作进行监督和指导。

（三）负责编制本部门档案管理经费年度预算，将档案资料收集整理、保管保护、开发利用，设备购置和运行维护，信息化建设，以及档案宣传培训等项目经费列入预算。

（四）负责本部门档案信息化工作，参与本部门电子文件全过程管理工作，组织实施本部门档案数字化加工、电子文件归档和电子档案管理以及重要档案异地、异质备份工作。

（五）负责对本部门重点工作、重大会议和活动、重大建设项目、重大科研项目、重大生态保护项目等归档工作进行监督和指导，参与重大科研项目成果验收、重大建设项目工程竣工和重要设备仪器开箱的文件材料验收工作。

（六）负责制定本部门文件（项目）材料的归档范围和保管期限，指导本部门的文件收集、整理、归档工作，组织档案信息资源的编研，科学合理开发利用，安全保管档案并按照有关规定向档案馆移交档案。

（七）国务院环境保护主管部门的档案管理机构，负责汇总统计地方环境保护主管部门，本部门及其派出机构、直属单位档案工作基本情况的数据，并报送国家档案行政管理部门。地方各级环境保护主管部门的档案管理机构，负责汇总统计本行政区域内环境保护档案工作基本情况数据，并报送同级档案行政管理部门和上级环境保护主管部门。

（八）负责开展环境保护部门档案工作业务交流，组织档案管理人员专业培训。

（九）各级环境保护主管部门的档案管理机构负责组织实施同级档案行政管理部门布置的相关工作，并协调环境保护部门的档案管理机构与其他部门档案管理机构之间的档案工作。

第十五条 环境保护部门的文件（项目）承办单位在本部门档案管理机构的指导下，履行下列职责：

（一）负责本单位文件（项目）材料的收集、整理和归档。

（二）负责督促指导文件（项目）承办人分类整理文件材料，做到齐全完整、分类清楚、排列有序，并按照规定向本部门档案管理机构移交。

（三）重大建设项目、重大科研项目、重大生态保护项目承办单位负责制定专项档案管理规定、归档范围和保管期限，报环境保护部门的档案管理机构同意后，由项目承办单位组织实施。

第四章 文件材料的归档

第十六条 环境保护文件材料归档范围应当全面、系统地反映综合管理和政策法规、科学技术、环境影响评价、环境监测、污染防治、生态保护、核与辐射安全监管、环境监察执法等业务活动。

第十七条 环境保护部门在部署污染源普查、环境质量调查等专项工作时，应当明确文件材料的归档要求；在检查专项工作进度时，应当检查文件材料的收集、整理情况；重大建设项目、重大科研项目和重大生态保护项目文件材料不符合归档要求的，不得进行项目鉴定、验收和申报奖项。

第十八条 环境保护文件材料归档工作一般应于次年3月底前完成。文件（项目）承办单位根据下列情形，按要求将应归档文件及电子文件同步移交本部门档案管理机构进行归档，任何人不得据为己有或者拒绝归档：

（一）文书材料应当在文件办理完毕后及时归档；

（二）重大会议和活动等文件材料，应当在会议和活动结束后一个月内归档；

（三）科研项目、建设项目文件材料应当在成果鉴定和项目验收后两个月内归档，周期较长的科研项目、建设项目可以按完成阶段分期归档；

（四）一般仪器设备随机文件材料，应当在开箱验收或者安装调试后七日内归档，重要仪器设备开箱验收应当由档案管理人员现场监督随机文件材料归档。

第五章　档案的管理

第十九条　环境保护部门应当加强对不同门类、各种形式和载体档案的管理，确保环境保护档案真实、齐全、完整。

第二十条　环境保护档案的分类、著录、标引，依照《中国档案分类法 环境保护档案分类表》《环境保护档案著录细则》《环境保护档案管理规范》等文件的有关规定执行，其相应的电子文件材料应当按照有关要求同步归档。

文书材料的整理归档，依照《归档文件整理规则》（DA/T 22-2015）的有关规定执行。

照片资料的整理归档，依照《照片档案管理规范》（GB/T 11821-2002）的有关规定执行。

录音、录像资料的整理归档，依照录音、录像管理的有关规定执行。

科技文件的整理归档，依照《科学技术档案案卷构成的一般要求》（GB/T 11822-2008）的有关规定执行。

会计资料的整理归档，依照《会计档案管理办法》（财政部、国家档案局令第79号）的有关规定执行。

人事文件材料的整理归档，依照《干部档案工作条例》（组通字〔1991〕13号）、《干部档案整理工作细则》（组通字〔1991〕11号）、《干部人事档案材料收集归档规定》（中组发〔2009〕12号）等文件的有关规定执行。

电子文件的整理归档，依照《电子文件归档与电子档案管理规范》（GB/T 18894-2016）、《CAD 电子文件光盘存储、归档与档案管理要求》（GB/T 17678.1-1999）等文件的有关规定执行。重要电子文件应当与纸质文件材料一并归档。

第二十一条 环境保护部门的档案管理机构应当定期检查档案保管状态，调试库房温度、湿度，及时对破损或者变质的档案进行修复。

第二十二条 环境保护档案的鉴定应当定期进行。

环境保护部门成立环境保护档案鉴定小组进行鉴定工作，鉴定小组由环境保护部门分管档案工作的负责人、办公厅（室）负责人，以及档案管理机构、保密部门和文件（项目）承办单位有关人员组成。

对保管期限变动、密级调整和需要销毁的档案，应当提请本部门环境保护档案鉴定小组鉴定。鉴定工作结束后，环境保护档案鉴定小组应当形成鉴定报告，提出鉴定意见。

第二十三条 环境保护档案的销毁应当按照相关规定办理，并履行销毁批准手续。未经鉴定、未履行批准销毁手续的档案，严禁销毁。

对经过环境保护档案鉴定小组鉴定确认无保存价值需要销毁的档案，应当进行登记造册，报本部门分管档案工作负责人批准后销毁。档案销毁清册永久保存。

环境保护档案的销毁由档案管理机构组织实施。销毁档案时，档案管理机构与保密部门应当分别指派人员共同进行现场监督，并在销毁清册上签字确认。档案销毁后，应当及时调整档案柜（架），并在目录及检索工具中注明。

第二十四条　环境保护部门撤销或者变动时，应当妥善保管环境保护档案，向相关接收部门或者同级档案管理部门移交，并向上级环境保护主管部门报告。

第二十五条　文件（项目）承办单位的工作人员退休或者工作岗位变动时，应当及时对属于归档范围的文件材料进行整理、归档，并办理移交手续，不得带走或者毁弃。

第六章　档案的利用

第二十六条　环境保护部门的档案管理机构应当积极开发环境保护档案信息资源，并根据环境保护工作实际需要，对现有档案信息资源进行综合加工和深度开发，为环境保护工作提供服务。

第二十七条　环境保护部门应当积极开展环境保护档案的利用工作，建立健全档案利用制度，明确相应的利用范围和审批程序，确保档案合理利用。

第二十八条　环境保护档案一般以数字副本代替档案原件提供利用。档案原件原则上不得带出档案室。

利用环境保护档案的单位或者个人应当负责所利用档案的安全和保密，不得擅自转借，不得对档案原件进行折叠、剪贴、抽取、拆散，严禁在档案原件上勾画、涂抹、填注、加字、改字，或者以其他方式损毁档案。

第七章　奖励与处罚

第二十九条　有下列事迹之一的，依照国家有关规定给予表扬、表彰或者奖励：

（一）在环境保护档案的收集、整理或者开发利用等方面做出显著成绩的；

（二）对环境保护档案的保护和现代化管理做出显著成绩的；

（三）将个人所有的具有重要或者珍贵价值的环境保护档案捐赠给国家的；

（四）执行档案法律法规表现突出的。

第三十条　在环境保护档案工作中有违法违纪行为的，依法依规给予处分；情节严重，涉嫌构成犯罪的，依法移送司法机关追究刑事责任。

第八章　附　则

第三十一条　地方各级环境保护主管部门可以根据本办法，结合本地实际情况，联合同级档案行政管理部门制定实施细则，并报上级档案行政管理部门和环境保护主管部门备案。

第三十二条　本办法自 2017 年 3 月 1 日起施行。1994 年 10 月 6 日公布的《环境保护档案管理办法》（原国家环境保护局 国家档案局令第 13 号）同时废止。